페이의
적재적소
중국어

초판 1쇄 발행 | 2018년 1월 10일
초판 2쇄 발행 | 2018년 2월 5일

지은이 | 배정현(BJ PEI), 양은지
발행인 | 김태웅
편집장 | 강석기
책임 편집 | 장아름, 안현진, 김현아
디자인 | 서진희
마케팅 총괄 | 나재승
마케팅 | 서재욱, 김귀찬, 이종민, 오승수, 조경현
온라인 마케팅 | 김철영, 양윤모
제　작 | 현대순
총　무 | 전민정, 안서현, 최여진, 강아담
관　리 | 김훈희, 이국희, 김승훈, 이규재

발행처 | (주)동양북스
등　록 | 제2014-000055호
주　소 | 서울시 마포구 동교로 22길 12 (04030)
전　화 | (02)337-1737
팩　스 | (02)334-6624

www.dongyangbooks.com

ISBN 979-11-5768-326-0　13720

ⓒ 2018, 배정현·양은지

▶ 본 책은 저작권법에 의해 보호를 받는 저작물이므로 무단 전재와 복제를 금합니다.
▶ 잘못된 책은 구입처에서 교환해 드립니다.

이 도서의 국립중앙도서관 출판예정도서목록(CIP)은 서지정보유통지원시스템 홈페이지(http://seoji.go.kr)와
국가자료공동목록시스템(http://www.nl.go.kr/kolisnet)에서 이용하실 수 있습니다.
(CIP제어번호: 2017032851)

페이의 적재적소 중국어

200문장 진짜 네이티브 표현만 모았다!

배정현(BJ PEI) · 양은지 지음

동양북스

머리말

중국어 어렵다고
말하는 사람들은
대부분 중국어를
배운적 없는사람

시도도 안해보고
뭘그리 어렵다고
정정댈 그시간에
오분만 투자하소

중국어 익혀두면
대화할 친구들이
십억명 된다는데
안하고 말것인가

게을러 못했거나
바빠서 안한당신
시작이 어려우면
이책이 길이되네

신박한 중국어책
당신께 소개하오
짧지만 센스돋는
강력한 한방문장

한자랑 안친해도
성조가 서툴러도
이책과 함께라면
자신감 하늘높이

언제나 어디서나
필요한 그상황에
하고픈 모든말을
용감히 할수있네

한번쓱 읽어보고
입으로 내뱉으면
내문장 바로되는
이책을 추천하오

내님은 이나라엔
없는거 같다면은
여기에 주목하소
중국이 답이라네

젊은이 어디가오
어렵다 포기마오
페이가 함께하오
중국어 진짜쉽소

#더 쉽게

중국어는 원래 어렵다는 생각에 혹시 쉬운 부분을 놓치지는 않으셨나요? 어렵다는 생각이 중국어 공부의 한계를 만드는 것 같아요. 우리말과 꼭 닮은 표현들을 익히다 보면 중국어는 한국인이 배우기에 참 쉬운 언어라는 생각이 들 것입니다. 또한, 복잡하게만 느껴졌던 한자가 알고 보면 이모티콘처럼 재미있을 수 있다는 것도 이 책을 통해 느껴 보셨으면 해요.

#더 짧게

하루 일과 중 여러분이 가장 많이 쓰는 말은 무엇인가요? "진짜?", "대박", "배고파" 등, 뭐 이런 말들이 아닐까요? 반복되는 일상에서 자주 쓰이는 문장만 고민하여 수록했습니다. 실제 네이티브가 자주 쓰는 말은 5글자 내외의 짧은 표현들이 대다수예요. 한 손으로 셀 수 있는 5글자 내외의 문장으로 하루 한 뼘 네이티브와 가까워지세요.

#꼭 필요한 것만

바쁜 일상 속에서 외국어 공부까지 해야 하는 여러분의 노고를 잘 알고 있어요. 그래서 욕심을 덜고 그 빈자리에 핵심만 채웠습니다. 꼭 필요한 표현과 한마디를 하더라도 상대방에게 호감을 얻을 수 있는 표현을 정성으로 담았습니다. 이제 중국어가 여러분의 일상을 빛내는 힘이 되었으면 해요.

중국어를 배우려는 여러 번의 도전과 원대했던 포부는 이내 무뎌지고, 여전히 초급의 늪에서 허덕이고 있다면 《페이의 적재적소(適在適所) 중국어》와 함께 웃으면서 끝까지 완독 · 완강에 도전해 보세요. 여러분이 하루 5분 중국어 공부를 마치고 책의 마지막 페이지를 넘길 때까지 저희가 함께해 드릴게요.

배정현 · 양은지 올림

페이의 적중을 추천해요!

이 책만 보면 '중국어 정말 쉽구나' 하실 거예요!

이 책에는 성조니, 한자니, 어법이니 중국어 시작의 난관을 넘어서서 바로 입이 트일 수 있는 참신한 표현들만 모여 있어요. 제가 중국에서 지낸 8년 동안 써 보지 않았던 표현들은 하나도 없더라고요. 현지인들이 자주 쓰는 표현들만 담아서 중국어 공부에 가속도를 붙여 줄 수 있는 책이라고 생각합니다. 초급자에서 중급자까지 아주 유용하겠어요. 제가 좋아하고 존경하는 페이샘의 열정에 또 한 번 감탄합니다.
♥ 한중 MC, 쇼호스트 이향주 님

중국 거래처와 미팅할 때 들고 가려고요!

이전에도 중국어를 배워 봤지만 이토록 간단하게 다양한 의사 표현을 할 수 있을 줄은 몰랐어요. 5글자 내에서 내가 하고 싶은 말을 다 할 수 있다는 점이 정말 매력적이라고 생각합니다. 가끔 중국 출장을 가는데, 거래처 담당자들이 하던 말이 이 책에 많이 수록되어있더군요. 다음 출장 때는 이 책을 꼭 들고 가야겠습니다. 함께 일하는 직원들에게도 추천하려고 하려고요.
♥ L사 상무 김종일 님

판시(关系)의 물꼬를 트는 표현이 가득해요!

간단한 문장으로 중국어 공부를 시작해서 지금은 현지인과 소통할 수 있는 기적이 일어났어요. 처음부터 어렵게 시작하면 결코 오래갈 수 없는 게 언어 공부라고 생각해요. 이렇게 꿀표현이 가득한 책으로 페이샘과 함께 꾸준히, 조금씩, 재미있게 중국어 공부를 시작한다면 여러분도 점점 길게 말할 수 있을 거예요. 간단명료한 한마디, 어려운 열 마디 안 부럽습니다.
♥ 모델 김지혜 님

실생활에 쓰이는 살아 있는 중국어를 만나 보세요!

그동안 중국어를 공부해도 어떤 상황에서 어떻게 써야 할지 몰라서 난감한 경우가 많았어요. 그런데 페이샘의 이 책은 다채로운 상황 설명과 적절한 예문을 담고 있어서 중국어를 공부하는 저에게 큰 도움이 될 것 같습니다. 교과서에 나오는 딱딱한 표현이 아닌 현지 중국인들이 정말 사용하는 생생한 중국어를 만나 보세요.
♥ 회사원 이현수 님

중국인과의 비즈니스 미팅에도 자신감이 생겼어요!

저는 중국인과 비즈니스 미팅 전에 긴장과 걱정이 앞서는 경우가 많았는데, 페이샘의 이 책을 보고 자신감이 생겼습니다. 짧지만 유용한 표현이라 외우기도 편하고 활용하기도 쉽겠어요. 이제 비즈니스 미팅에서 저의 가벼운 농담으로 딱딱했던 분위기를 훨씬 부드럽게 만들 수 있을 것 같습니다. 페이샘 덕분에 중국 사업에 자신감도 더 생겼고요.

♥ 무역회사 CEO 최원근 님

학생들에게 자신 있게 추천할 수 있는 책이에요!

그저 재미있게 웃으며 공부했을 뿐인데, 200마디의 중국어를 할 수 있게 되는 표현집! 간단명료한 설명과 함께 재미있는 상황 설정으로 지루함 없이 중국어를 공부할 수 있겠어요. 중국어가 어렵다, 지루하다, 중국어와 권태기다 혹은 열심히 외웠지만 언제 써야 할지 모르겠다는 분들에게 추천합니다. 중국어는 어렵지 않아요. 5글자 내외로 중국어가 가능해지는 기쁨을 누려 봐요.

♥ 중국어 강사 김인옥 님

처음부터 끝까지 정독 100번은 거뜬히 할 수 있는 책!

저는 중국어의 방대해 보이는 양과 딱딱한 설명 때문에 도중에 배우기를 자주 포기했었어요. 이 경험으로 제가 얻은 외국어 공부법은 부담 없이 자주 보면서 자연스럽게 익히는 것이었지요. 바로 이 책이 저에게는 그런 책입니다. 보고 또 봐도 지루하지 않고 저절로 외워져서 자연스레 중국어로 말하는 나를 발견할 수 있겠어요. 페이샘과 양은지샘의 톡톡 튀는 감성도 함께 느껴 보세요.

♥ 공무원 홍다영 님

중국 학생들과 즐겁게 대화할 수 있게 되었어요!

제가 다니는 학교에는 중국인 교환학생이 굉장히 많습니다. 하지만 중국어가 서툴러 말을 걸어 볼 자신이 없었던 찰나에 페이샘을 만났고, 선생님의 책으로 공부하면서 짧지만 소통 가능한 표현들을 알게 되었습니다. 지금은 중국인 교환학생 친구에게 먼저 자신 있게 말도 걸고, 도서관 이용도 도와줄 수 있는 수준이 되었어요.

♥ 대학생 박제현 님

페이의 적중이 준비한 학습 자료예요!

▶ 페이샘의 생생한 무료 음성 강의(팟캐스트)와 함께 공부해 보세요.
▶ 각 페이지의 상세한 해설을 3~5분의 음성 강의에 담았어요.
▶ 음성 강의 듣는 방법

▶ 페이샘의 무료 동영상 강의(아프리카TV 생방송)를 보면서 복습해 보세요.
▶ 페이샘의 무료 동영상 강의(유튜브)는 언제든지 다시 볼 수 있어요.
▶ 페이샘의 블로그에서 《페이의 적재적소 중국어》 관련 정보도 놓치지 마세요.

아프리카TV 바로 가기

유튜브 바로 가기

블로그 바로 가기

▶ 무료로 제공되는 MP3 파일을 들으며 공부해 보세요.
▶ 2가지 버전으로 준비되어 있으니 선택해서 들을 수 있어요.
▶ MP3 파일 다운로드 방법

동양북스 홈페이지 접속 ▶ 도서 자료실 ▶ 하단 검색창에 '적재적소' 검색 ▶ 첨부 파일 다운로드

www.dongyangbooks.com

페이의 적중은 이렇게 구성했어요!

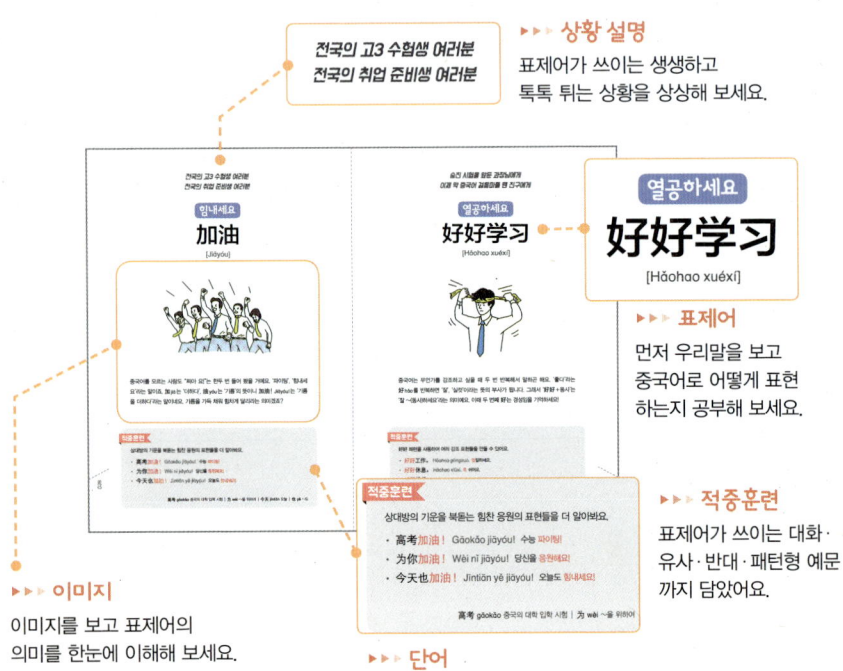

▶▶▶ **상황 설명**
표제어가 쓰이는 생생하고 톡톡 튀는 상황을 상상해 보세요.

▶▶▶ **표제어**
먼저 우리말을 보고 중국어로 어떻게 표현하는지 공부해 보세요.

▶▶▶ **적중훈련**
표제어가 쓰이는 대화·유사·반대·패턴형 예문까지 담았어요.

▶▶▶ **단어**
뜻이 궁금한 단어가 있다면 사전을 찾지 않아도 돼요. 양쪽에서 중복되는 단어는 한쪽에만 있어요.

▶▶▶ **이미지**
이미지를 보고 표제어의 의미를 한눈에 이해해 보세요.

▶▶▶ **해설**
표제어에 관한 쉽고, 명료하고, 핵심만 콕 집은 해설로 공부해 보세요.

▶▶▶ **연습 문제**
20문장 학습을 마치면 연습 문제로 복습해 보세요. 모두 풀었다면 하단의 정답과 맞춰 볼 수 있어요.

페이의 적중으로 이렇게 공부해요!

200문장만 익혀 보세요!

5글자 내외의 중국어 200문장! 초급자가 꼭 배워야 할 활용도 만점의 표현부터 '진짜' 중국인 같은 표현으로 엄선했어요. 무료로 제공되는 자료(음성 강의+동영상 강의+MP3 파일)도 활용해 보세요. 보고 듣고 복습하는 과정을 통해 200문장만 내 것으로 만들면 초급 단계였던 나의 중국어 실력이 쑥쑥 자라날 거예요.

하나! 하루 10문장, 4주 완성 코스!

둘! 하루 5문장, 8주 완성 코스!

1단계 DAY 1~5까지 《페이의 적재적소 중국어》와 함께 페이샘의 생생한 무료 음성 강의(팟캐스트)를 들으며 공부해 보세요.

2단계 DAY 6에는 DAY 1~5까지 공부한 내용에 대한 페이샘의 무료 동영상 강의(아프리카 TV, 유튜브)를 보며 복습해 보세요.

3단계 DAY 7과 이동 시간에는 DAY 1~5까지 배운 표제어의 무료 MP3 파일을 들어 보세요. 원어민의 정확한 발음과 살아 있는 어감을 듣고 따라 해 보기를 추천해요.

* p.265에 있는 학습 플래너와 함께 공부해 보세요.

페이의 적중 목차 구성이에요!

머리말 004
중국어 이건 꼭 알고 가자! 017

CHAPTER 01. 인사와 안부

- 01 굿모닝. 026
- 02 하이. 027
- 03 오랜만이에요. 028
- 04 잘 지내요? 029
- 05 오늘 뭐해요? 030
- 06 시간 있어요? 031
- 07 고마워요. 032
- 08 미안해요. 033
- 09 실례합니다. 034
- 10 부탁드려요. 035
- 11 축하해요. 036
- 12 덕분이에요. 037
- 13 힘내세요. 038
- 14 열공하세요. 039
- 15 수고했어요. 040
- 16 즐거운 주말 보내세요. ... 041
- 17 조심히 가세요. 042
- 18 내일 만나요. 043
- 19 잘 자요. 044
- 20 바이바이. 045

| 연습 문제 | 046

CHAPTER 02. 감정과 상태

- 01 기분이 어때요? 050
- 02 진짜 즐거워요. 051
- 03 심심해요. 052
- 04 기분이 꿀꿀해요. ... 053
- 05 피곤해 죽겠어요. ... 054
- 06 너무 졸려요. 055
- 07 긴장돼요. 056
- 08 조급해 말아요. 057
- 09 진짜 창피해요. 058
- 10 진짜 화나게 하네. ... 059
- 11 못 참겠어요. 060
- 12 진짜 재수 없네. 061
- 13 꿈 깨요. 062
- 14 완전 소름. 063
- 15 꿀잼이에요. 064
- 16 웃프다. 065
- 17 고의가 아니에요. ... 066
- 18 내가 오해했네요. ... 067
- 19 감 잡았어요. 068
- 20 너무 아쉬워요. 069

| 연습 문제 | 070

CHAPTER 03. 대화와 호응 ①

- 01 세상에. 074
- 02 헐. 075
- 03 진짜예요? 076
- 04 당연하죠. 077
- 05 말도 안 돼요. 078
- 06 그렇고 말고요. 079
- 07 좋은 생각이에요. 080
- 08 진짜 최고예요. 081
- 09 미친 거 아니에요? 082
- 10 어이가 없네요. 083
- 11 음… 있잖아요… 084
- 12 말하기 좀 그래요. 085
- 13 걱정하지 마세요. 086
- 14 좀 좋게 생각해요. 087
- 15 괜찮아요. 088
- 16 이해해요. 089
- 17 좀 진정해요. 090
- 18 마음대로 하세요. 091
- 19 뻔하네요. 092
- 20 오버하지 마세요. 093

| 연습 문제 | 094

CHAPTER 04. 대화와 호응 ②

- 01 그래요? 098
- 02 맞죠? 099
- 03 왜요? 100
- 04 어떻게 된 거예요? 101
- 05 오케이. 102
- 06 문제 없어요. 103
- 07 당신 생각은요? 104
- 08 나도 그래요. 105
- 09 아마도요. 106
- 10 그저 그래요. 107
- 11 당신이 맞춰 보세요. 108
- 12 모르겠어요. 109
- 13 생각났어요. 110
- 14 잊어버렸어요. 111
- 15 잠시만요. 112
- 16 금방이요. 113
- 17 나도 동의해요. 114
- 18 다시 한 번 말해 주세요. 115
- 19 그만해요. 116
- 20 다음에 다시 얘기해요. 117

| 연습 문제 | 118

페이의 적중 목차 구성이에요!

CHAPTER 05. 연애와 결혼

- 01 남자친구 있어요? ········· 122
- 02 결혼하셨어요? ··········· 123
- 03 자기야. ················ 124
- 04 보고 싶어. ·············· 125
- 05 난 네가 좋아. ············ 126
- 06 우린 잘 맞아. ············ 127
- 07 라면 먹고 갈래요? ········· 128
- 08 우리 썸타는 관계예요. ······ 129
- 09 우리 사귀자. ············· 130
- 10 우리 결혼하자. ············ 131
- 11 안아 줘. ················ 132
- 12 뽀뽀해 줘. ··············· 133
- 13 사랑해. ················· 134
- 14 정말 오글거려. ············ 135
- 15 사랑이 식었어. ············ 136
- 16 그 남자 양다리예요. ········ 137
- 17 우리 헤어져. ············· 138
- 18 날 떠나지 마. ············· 139
- 19 나 차였어요. ············· 140
- 20 나는 솔로예요. ············ 141
- | 연습 문제 | ················ 142

CHAPTER 06. 외모와 성격

- 01 예쁘네요. ··············· 146
- 02 잘생겼네요. ·············· 147
- 03 진짜 귀여워요. ············ 148
- 04 못생겼어요. ·············· 149
- 05 어려 보여요. ············· 150
- 06 피부가 좋네요. ············ 151
- 07 후덕해졌네요. ············ 152
- 08 살 빠졌네요. ············· 153
- 09 스타일 좋네요. ············ 154
- 10 너무 촌스러워요. ·········· 155
- 11 볼매네요. ··············· 156
- 12 진짜 섹시해요. ············ 157
- 13 그는 훈남이에요. ·········· 158
- 14 그녀는 참 상냥해요. ········ 159
- 15 그는 인기가 많아요. ········ 160
- 16 그는 눈치가 없어요. ········ 161
- 17 그는 좀 소심해요. ·········· 162
- 18 그는 성격이 시원시원해요. ··· 163
- 19 그는 착해요. ············· 164
- 20 그는 돌직구예요. ·········· 165
- | 연습 문제 | ················ 166

CHAPTER 07. 식사와 음주

- 01 배고파 죽겠어요. — 170
- 02 오늘은 치킨이 땡기네요. — 171
- 03 어서 오세요. — 172
- 04 저기요. — 173
- 05 이걸로 주세요. — 174
- 06 볶음밥 하나요. — 175
- 07 얼마나 기다려야 해요? — 176
- 08 고수는 빼고 주세요. — 177
- 09 맛있겠다. — 178
- 10 많이 먹어요. — 179
- 11 너무 뜨거워요. — 180
- 12 대박 맛있어요. — 181
- 13 배불러요. — 182
- 14 오늘은 내가 쏩니다. — 183
- 15 한잔 할래요? — 184
- 16 건배. — 185
- 17 편하게 마셔요. — 186
- 18 취했어요. — 187
- 19 테이크아웃이요. — 188
- 20 계산할게요. — 189

| 연습 문제 | — 190

CHAPTER 08. 여행과 숙박

- 01 나 여행 갈 거예요. — 194
- 02 몇 박 며칠이요? — 195
- 03 방 있어요? — 196
- 04 체크인할게요. — 197
- 05 와이파이 있어요? — 198
- 06 방을 바꾸고 싶어요. — 199
- 07 TV가 고장 났어요. — 200
- 08 방이 너무 추워요. — 201
- 09 체크아웃할게요. — 202
- 10 짐 보관 부탁드려요. — 203
- 11 정류장은 어디 있어요? — 204
- 12 화장실은 어디 있어요? — 205
- 13 공원은 어떻게 가나요? — 206
- 14 풍경이 정말 아름다워요. — 207
- 15 사진 쫌 찍어 주세요. — 208
- 16 하나 둘 셋, 김치. — 209
- 17 공항으로 가 주세요. — 210
- 18 얼마나 걸려요? — 211
- 19 빨리 좀 부탁드려요. — 212
- 20 안전에 주의하세요. — 213

| 연습 문제 | — 214

페이의 적중 목차 구성이에요!

CHAPTER 09. 쇼핑과 여가

- 01 우리 쇼핑하자. ····· 218
- 02 몇 시에 문 열어요? ····· 219
- 03 먼저 좀 볼게요. ····· 220
- 04 입어 봐도 될까요? ····· 221
- 05 좀 큰 것 같아요. ····· 222
- 06 다른 것도 있나요? ····· 223
- 07 얼마예요? ····· 224
- 08 깎아 주세요. ····· 225
- 09 QR코드로 결제할게요. ····· 226
- 10 영수증 주세요. ····· 227
- 11 포장해 주세요. ····· 228
- 12 교환되나요? ····· 229
- 13 무슨 취미가 있어요? ····· 230
- 14 나는 한국드라마를 즐겨 봐요. ····· 231
- 15 나는 영화 보는 걸 좋아해요. ····· 232
- 16 그는 축구 마니아예요. ····· 233
- 17 나 수영 배워요. ····· 234
- 18 나 헬스클럽 다녀요. ····· 235
- 19 나는 어학 짝꿍을 찾아요. ····· 236
- 20 나는 종종 책을 읽어요. ····· 237

| 연습 문제 | ····· 238

CHAPTER 10. 폰과 인터넷

- 01 폰 번호가 몇 번이에요? ····· 242
- 02 전화해 주세요. ····· 243
- 03 안 들려요. ····· 244
- 04 문자 보내 주세요. ····· 245
- 05 지금 통화 중이에요. ····· 246
- 06 그가 전화를 안 받아요. ····· 247
- 07 폰 배터리가 없어요. ····· 248
- 08 폰이 꺼졌어요. ····· 249
- 09 데이터가 없어요. ····· 250
- 10 인터넷이 너무 느려요. ····· 251
- 11 앱 다운로드했어요. ····· 252
- 12 우리 셀카 찍어요. ····· 253
- 13 위챗하세요? ····· 254
- 14 나는 로그인했어요. ····· 255
- 15 나 친추해 주세요. ····· 256
- 16 댓글 달았어요. ····· 257
- 17 '좋아요' 눌러 줄게요. ····· 258
- 18 전달해 주세요. ····· 259
- 19 연락하면서 지내요. ····· 260
- 20 그 남자 차단했어요. ····· 261

| 연습 문제 | ····· 262

부록 - 200문장 학습 플래너예요! ····· 265

중국어
이건 꼭 알고 가자!

중국어 이건 꼭 알고 가자!

01 중국어는요?

중국어(中国语)는 일반적으로 중국의 한(汉)민족이 쓰는 언어라고 하여 한어(汉语) 또는 중국인의 언어(Chinese Language)라고 하여 중문(中文)이라고 불러요. 그런데 중국에는 넓은 영토만큼이나 여러 방언이 존재하여 지역간 의사소통에 어려움이 있었습니다. 중국 정부는 이를 해결하고자 중국의 북경(베이징, 北京) 발음과 북방 지역 방언을 중심으로 표준어를 제정했어요. 이것이 바로 보통화(普通话), 우리가 배우는 중국어랍니다.

02 간체자는요?

중국 정부는 복잡한 한자(汉字) 사용의 편리성을 높이고자 기존 한자의 획수를 줄여 간체자를 만들었어요. 여전히 대만(台湾), 홍콩(香港) 등의 지역에서는 한자의 정자인 번체자(繁体字)를 쓰지만 중국 대륙에서는 간체자(简体字)를 씁니다.

03 한어병음은요?

한글은 글자가 소리를 나타내는 소리글자(표음문자)인 반면, 한자는 글자가 뜻을 나타내는 뜻글자(표의문자)예요. 그래서 한자를 보면 뜻은 추측이 가능해도 소리는 알 수 없습니다. 한자를 읽기 위해 중국 정부는 로마자로 발음 기호를 만들었어요. 이를 한어병음(汉语拼音)이라고 합니다. 일반적으로 '병음'으로 줄여서 말해요.

04 한어병음의 구성은요?

한자의 발음과 읽는 방법을 알려 주는 한어병음은 '①성조+②성모+③운모'로 구성되어 있어요. 소리의 높낮이를 성조, 로마자로 쓰인 병음의 첫소리를 성모, 그 나머지를 운모라고 합니다.

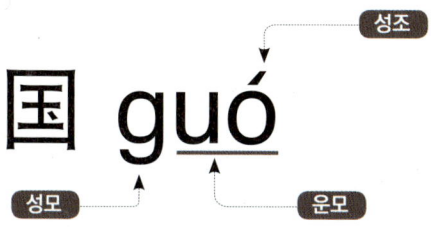

① 성조

🎧 MP3-01

소리의 높낮이를 나타내는 성조는 4가지가 있어요. 한자는 같아도 성조가 다르면 뜻도 달라지니 주의해야 합니다.

제1성	ā	높고, 길고, 평탄하게 유지하기
제2성	á	중간 음→높은 음으로 끌어올리기
제3성	ǎ	가장 낮은 음까지 내려갔다가 끝을 살짝 올리기
제4성	à	높은 음→낮은 음으로 날카롭게 떨어뜨리기
경성	a	점을 찍듯이 가볍게 발음하기(성조 표기를 하지 않음)

▶▶▶ **성조 표기 규칙**

- 단운모(a, o, e, i, u, ü) 위에 표기하며, 한 글자의 병음에 단운모가 여러 개 있을 경우에는 a > o, e > i, u, ü 순(입이 크게 벌어지는 순서)으로 표기해요.
  예) 高 gāo   头 tóu   北 běi   小 xiǎo

- a가 없으면 o나 e에 표기하고, i와 u만 있는 경우에는 뒤의 운모에 표기해요.
  예) 休 xiū   贵 guì

- i 위에 성조를 표기할 경우에는 점을 없애고 그 자리에 성조를 표기해요.
  예) 名 míng   四 sì

중국어 이건 꼭 알고 가자!

▶▶▶ **3성의 성조 변화**

- 3성은 뒤에 똑같은 3성이 오는 것을 싫어해요. 그래서 3성인 글자가 연이어 나오면 앞의 3성은 2성으로 바꾸어 발음해요. 단, 표기는 변하지 않습니다.

    3성 + 3성 ➡ **2성 + 3성**

    예) 你好 nǐ hǎo   很好 hěn hǎo   水果 shuǐguǒ

▶▶▶ **반3성**

- 3성 뒤에 1성, 2성, 4성, 경성이 오면 3성은 내려가는 부분만 발음하고 올라가는 부분은 발음하지 않아요. 단, 표기는 변하지 않습니다.

    3성 + 1, 2, 4, 경성 ➡ **반3성 + 1, 2, 4, 경성**

    예) 北京 Běijīng   彩虹 cǎihóng   好看 hǎokàn   奶奶 nǎinai

▶▶▶ **不의 성조 변화**

- 不 뒤에 4성이 오면 2성으로 바꾸어 발음하고 표기도 2성으로 바뀌어요.

    不 bù + 4성 ➡ **不 bú + 4성**

    예) 不去 bú qù   不是 bú shì

▶▶▶ **一의 성조 변화**

- 단독 혹은 서수, 단어의 끝에 쓸 때는 원래 성조인 1성으로 발음해요.

    예) 一 yī   第一 dì yī   万一 wànyī

- 1성, 2성, 3성 앞에서는 4성으로 발음하고 표기도 4성으로 바뀌어요.

    一 yī + 1, 2, 3성 ➡ **一 yì + 1, 2, 3성**

    예) 一边 yì biān   一年 yì nián   一点 yìdiǎn

- 4성 앞에서는 2성으로 발음하고 표기도 2성으로 바뀌어요.

    一 yī + 4성 ➡ **一 yí + 4성**

    예) 一样 yíyàng   一定 yídìng

② 성모　　　　　　　　　　　　　　🎧 MP3-02

성모는 우리말의 자음(ㄱ,ㄴ,ㄷ…)과 비슷한 역할을 해요. 중국어의 성모는 모두 21개로, 성모만으로는 소리 낼 수 없으므로 뒤에 운모를 붙여서 소리를 냅니다. 괄호 안의 우리말은 각각의 성모를 단독으로 읽는 발음이에요.

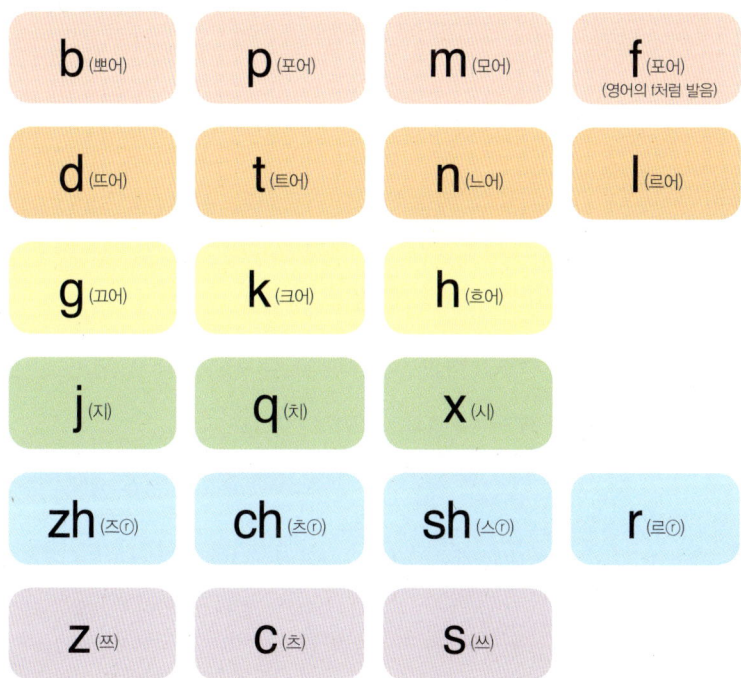

중국어 이건 꼭 알고 가자!

③ 운모

🎧 MP3-03

운모는 우리말의 모음(ㅏ, ㅓ, ㅗ…)과 일부 받침(ㄴ, ㅇ)에 해당해요. 가장 기본이 되는 단운모는 하나의 모음으로 이루어진 운모이고, 다운모는 두 개 이상의 모음이나 '모음+n/ng'로 이루어진 운모입니다. 괄호 안의 우리말은 각각의 운모를 단독으로 읽는 발음이며, 회색 글자는 성모 없이 단독으로 쓸 때의 표기법이에요.

단운모	다운모
a (아)	ai (아이)　ao (아오)　an (안)　ang (앙)
o (오어)	ou (어우)　ong (옹)
e (으어)	ei (에이)　en (언)　eng (엉)　er (얼)
i (이)	ia (이야) iao (이야오) ie (이에) iou (이여우) ian (이엔) ya　　　yao　　　ye　　　you　　　yan in (인) iang (이양) ing (잉) iong (이용) yin　　　yang　　　ying　　　yong
u (우)	ua (우와) uo (우워) uai (우와이) uei (우웨이) wa　　wo　　wai　　wei uan (우완) uen (우원) uang (우왕) ueng (우웡) wan　　wen　　wang　　weng
ü (위)	üe (위에) ün (윈) üan (위엔) yue　　yun　　yuan

▶▶▶ **성모와 운모 표기 주의 사항**

· i, u, ü가 단독으로 쓰일 때는 각각 yi, wu, yu로 표기해요.
· i, u, ü가 성모 없이 맨 앞으로 나와야 할 때는 각각 y, w, yu로 표기해요.
· iou, uei, uen이 성모와 결합할 때는 o와 e를 빼고 각각 iu, ui, un으로 표기해요.
· 성모 j, q, x가 ü와 결합할 때는 ü위의 두 점은 생략해요.
　예) jü → ju　/　qü → qu　/　xü → xu

05 중국어는 쉽다고요?

① 중국어는 어법이 쉽다!

- 띄어쓰기가 없어요.
- 영어처럼 격이나 시제 등에 따라 단어의 모양이 변하지 않아요.
- 우리말처럼 '는', '을(를)' 등의 조사와 '–다' 등의 어미가 발달하지 않았어요.
- 문맥상 문장의 주어가 무엇인지 알 수 있을 때는 주어를 생략할 수 있어요.

② 중국어는 존댓말이 있다? 없다!

중국어는 우리말처럼 존댓말이 발달하지 않았어요. 그러나 윗사람이나 초면인 관계, 격식과 예의가 필요한 장소나 비즈니스 상황 등에서는 공경의 말인 경어(敬语)를 씁니다. 자주 쓰는 경어를 알아봐요.

	뜻	설명	예문
您 nín	당신	你 nǐ의 존칭	您好。Nín hǎo. 안녕하세요.
请 qǐng	청하다, 부탁하다	부탁·요청 등을 할 때 문장 맨 앞에 붙여서 사용	请坐。Qǐng zuò. 앉으세요.
贵 guì	성(姓) / (사물을 높여 부름)	우리말 '귀하'에서 쓰이는 貴(귀할 귀)와 같은 한자로, 상대방 또는 상대방과 관련 있는 것을 높여 부름	您贵姓? Nín guì xìng? 성함이 어떻게 되세요? 贵公司 guì gōngsī 귀사

③ 중국어는 인칭대사도 간단하다!

중국어의 인칭대사는 영어처럼 주격, 소유격, 목적격 등의 격에 따른 변화가 없으며 매우 단순하여 금방 외울 수 있어요.

	단수	복수(단수 + 们 men)
1인칭	我 wǒ 나	我们 wǒmen 우리
2인칭	你 nǐ 너 您 nín 당신(존칭)	你们 nǐmen 너희들, 당신들
3인칭	他 tā 그 她 tā 그녀 它 tā 그것	他们 tāmen 그들(남자 or 남녀 모두 지칭) 她们 tāmen 그녀들 它们 tāmen 그것들(동물 or 사물 지칭)

☑ 이번 장에서는
무엇을 배울까요?

嗨，好久不见。

하이, 오랜만이에요.

CHAPTER 01

인사와 안부

반갑게 인사와 안부를 전해요

아침잠에서 막 깬 룸메이트에게
이미 출근해서 사무실에 앉아 있는 동료에게

굿모닝

早
[Zǎo]

대표적인 아침 인사는 '아침'이라는 早上 zǎoshang 과 '좋다'라는 好 hǎo 가 합쳐진 早上好。Zǎoshang hǎo. 예요. '굿모닝', '좋은 아침이에요'라는 의미죠. 그런데 친구, 동료처럼 친한 사이에는 早。Zǎo. 라고만 해도 돼요. 단, 윗사람이나 처음 보는 사람에게는 공손히 早上好。라고 하는 게 좋아요.

적중훈련

'시간+好' 패턴의 인사 표현들이에요. 아침과 저녁 인사에 비해 점심 인사는 사용 빈도가 낮아요.

- 早上好。 Zǎoshang hǎo. 좋은 아침이에요 / 안녕하세요. [아침 인사]
- 中午好。 Zhōngwǔ hǎo. 안녕하세요. [점심 인사]
- 晚上好。 Wǎnshang hǎo. 안녕하세요. [저녁 인사]

中午 zhōngwǔ 점심 | 晚上 wǎnshang 저녁

복도에서 옆 반 친구를 만났을 때
탕비실에서 반가운 동료를 만났을 때

嗨

[Hāi]

우리도 친구끼리 '하이', '헬로우'라고 인사하기도 하죠? 중국에서도 영어 발음을 빌려 Hi.→嗨。Hāi.로, Hello.→哈罗。Hāluó.라고 인사합니다. 嗨와 哈罗는 각각 또는 함께 쓰기도 해요. 공손한 말은 아니니 친한 사이에만 사용하세요. 성조를 너무 지키면 어색하니까 MP3 파일을 들으며 연습해 보세요.

적중훈련

만났을 때 하는 기본적인 중국어 인사도 알아볼까요?

- 你好。 Nǐ hǎo. 안녕. / 안녕하세요.　　　　　　　　　　[일반적인 인사]
- 您好。 Nín hǎo. 안녕하세요.　　　　　　　　　　　　　[공손한 인사]
- 你们好。/ 大家好。 Nǐmen hǎo. / Dàjiā hǎo. 여러분, 안녕하세요. [여러 사람에게 하는 인사]

好 hǎo 좋다, 안녕하다 | 大家 dàjiā 다들

전 직장 동료를 우연히 만났을 때
졸업하고 오랜만에 만난 친구에게

오랜만이에요

好久不见

[Hǎo jiǔ bú jiàn]

오랜만에 만난 상대방에게 건네는 인사예요. 好久不见。Hǎo jiǔ bú jiàn.은 영어의 Long time no see.와 아주 유사한 구조를 가지고 있어요. '(시간이) 오래다'라는 好久 hǎo jiǔ(= long time)와 '만나지 못하다'라는 不见 bú jiàn(= no see)으로 풀어 볼 수 있답니다.

적중훈련

好久不见。 오랜만이에요.
Hǎo jiǔ bú jiàn.

好久不见, 你更帅了。 오랜만이에요, 더 멋있어졌네요.
Hǎo jiǔ bú jiàn, nǐ gèng shuài le.

不 bù 아니다 | 见 jiàn 만나다 | 更 gèng 더욱 | 帅 shuài 멋지다 | 了 le (변화·완료 어기조사)

헤어진 연인의 안부를 물을 때
친했던 선배와 오랜만에 연락이 닿았을 때

잘 지내요?

你过得好吗?

[Nǐ guò de hǎo ma?]

'동사+得+好' 패턴은 '잘 ~(동사)하다'라는 의미예요. 동사 자리에 '지내다, (시간을) 보내다'라는 过 guò를 쓰고 문장 끝에 의문조사 吗 ma만 붙여 주니 안부를 묻는 말이 되네요. 你好吗? Nǐ hǎo ma?도 같은 의미이지만 네이티브들은 你过得好吗? Nǐ guò de hǎo ma?를 더 많이 쓴답니다.

적중훈련

'동사+得+好' 패턴의 질문이라면 마지막에 吗를 넣고, 대답이라면 吗만 쏙 빼면 됩니다.

- 你过得好吗? Nǐ guò de hǎo ma? 잘 지내요? → 我过得好. Wǒ guò de hǎo. 잘 지내요.
- 你睡得好吗? Nǐ shuì de hǎo ma? 잘 잤어요? → 我睡得好. Wǒ shuì de hǎo. 잘 잤어요.
- 你吃得好吗? Nǐ chī de hǎo ma? 식사 잘 했어요? → 我吃得好. Wǒ chī de hǎo. 잘 먹었어요.

得 de ~정도가 | 好 hǎo 좋다 | 睡 shuì 자다 | 吃 chī 먹다

긴히 할 이야기가 있는데
당신의 일거수일투족이 궁금해요

오늘 뭐해요?

今天你干啥?

[Jīntiān nǐ gàn shá?]

今天你干啥?

啥 shá 는 什么 shénme 의 방언으로 '무엇, 무슨'이라는 뜻이에요. 대륙의 보급형 방언이어서 지금은 什么만큼 啥도 자연스럽게 쓰지만 구어체 표현이니 공식적인 문서에는 사용을 피해주세요. '오늘 뭐해요?' 질문의 '~해요'에 해당하는 말은 '~하다'라는 동사 干 gàn 을 쓰면 됩니다.

> **적중훈련**
>
> 啥가 자주 쓰이는 다른 표현들도 알아봐요.
>
> - 你干啥? Nǐ gàn shá? 뭐해요?　　= 你干什么? Nǐ gàn shénme?
> - 这是啥? Zhè shì shá? 이건 뭐예요?　= 这是什么? Zhè shì shénme?
> - 啥意思? Shá yìsi? 무슨 뜻이에요?　= 什么意思? Shénme yìsi?
>
> 今天 jīntiān 오늘 | 什么 shénme 무엇(의문대사) | 这 zhè 이것 | 是 shì ~이다 | 意思 yìsi 뜻

잠깐 커피 한잔 할까요?
주말에 영화 보러 갈래요?

시간 있어요?

你有空吗?

[Nǐ yǒu kòng ma?]

你有空吗?

空 kòng 은 시간적인 '틈, 짬, 겨를'의 뜻을 가지고 있어요. 그래서 有空 yǒu kòng 이라고 하면 '시간이 있다, 틈이 나다'라는 의미랍니다. 空 대신 '시간'을 뜻하는 时间 shíjiān 을 써서 你有时间吗? Nǐ yǒu shíjiān ma? 라고 물어봐도 같은 말이에요.

적중훈련

🧑 明天 你有空吗? 내일 시간 있어요?
   Míngtiān nǐ yǒu kòng ma?

👩 不好意思, 我没(有)空。 미안해요, 시간이 없어요.
   Bù hǎo yìsi, wǒ méi(yǒu) kòng.

有 yǒu 있다 | 吗 ma (의문조사) | 明天 míngtiān 내일 | 不好意思 bù hǎo yìsi 미안하다 | 没(有) méi(yǒu) 없다

항상 내 편이 되어 주는 내 반쪽
상대방의 호의에 감사 인사는 기본이죠

고마워요

谢谢

[Xièxie]

중국어를 몰라도 한 번쯤은 들어 봤을 거예요. 谢谢. Xièxie.는 '고맙다, 감사하다'
라는 뜻으로, 상대방의 나이에 상관없이 두루 쓰는 감사 인사예요. 이때 두 번째
谢 xie는 경성이므로 앞은 강하게, 뒤는 약하게 [씨에 씨에]라고 발음합니다.

적중훈련

谢谢라는 감사 인사에 할 수 있는 겸손의 대답들도 알아볼까요?

- 不客气。 Búkèqi. 천만에요.
- 不用谢。 Bú yòng xiè. 천만에요.
- 不谢。   Bú xiè. 천만에요.   [강조하고자 연속해서 不谢, 不谢。라고도 함]

不 bù 아니다 | 客气 kèqi 사양하다 | 用 yòng ~이 필요하다 | 谢 xiè 감사하다

실수로 남자친구 옷에 김치 국물을 튀겼을 때
붐비는 지하철에서 다른 사람 발을 밟았을 때

미안해요

不好意思

[Bù hǎo yìsi]

중국어의 사과 표현은 对不起。Duìbuqǐ.와 不好意思。Bù hǎo yìsi.가 대표적이에요. 对不起。는 진심으로 송구한 마음의 사과 표현으로서 우리말의 '죄송합니다'에 가깝고 不好意思。는 가벼운 실수나 고의성이 없는 행동에 대해 '미안합니다' 정도로 쓰입니다.

적중훈련

喂, 您是哪位? 여보세요, 누구신지요?
Wéi, nín shì nǎ wèi?

不好意思, 我打错了。 미안합니다. 잘못 걸었네요.
Bù hǎo yìsi, wǒ dǎ cuò le.

好 hǎo 좋다 | 意思 yìsi 뜻 | 喂 wéi 여보세요 | 是 shì ~이다 | 哪 nǎ 어느(의문대사) | 位 wèi 분(경어) | 打 dǎ (전화를) 걸다 | 错 cuò 틀리다 | 了 le (완료·변화 어기조사)

여행 중 행인에게 길을 물을 때
상담하려고 찾은 교수님의 연구실 문을 열면서

실례합니다

打扰一下

[Dǎrǎo yíxià]

打扰 dǎrǎo 는 '방해하다, 폐를 끼치다'라는 동사이고 一下 yíxià 는 '(시험 삼아) 한번 해 보다' 또는 '좀 ~하다'라는 뜻으로서 동사 뒤에 쓰여 부드러운 어감을 더해 줘요. 打扰一下。Dǎrǎo yíxià.는 영어의 Excuse me.와 쓰임이 같다고 생각하면 이해하기 쉽답니다.

적중훈련

🧑 打扰一下, 地铁站怎么走? 실례합니다. 지하철 역은 어떻게 가나요?
　 Dǎrǎo yíxià, dìtiě zhàn zěnme zǒu?

👩 一直走吧。 곧장 가세요.
　 Yìzhí zǒu ba.

地铁站 dìtiě zhàn 지하철역 | 怎么 zěnme 어째서, 어떻게(의문대사) |
走 zǒu 가다 | 一直 yìzhí 곧장 | 吧 ba (청유·명령 어기조사)

타 부서에 업무 요청을 하면서
출장 때문에 애완견을 친구 집에 맡겨야 할 때

부탁드려요

拜托了

[Bàituō le]

동사 拜托 bàituō는 '부탁드리다'라는 경어입니다. 拜托了 Bàituō le.라고 쓰는 것이 일반적이지만 동사 뒤에 부탁할 상대방을 넣어서 拜托你了 Bàituō nǐ le.라고 말할 수도 있어요. 가령 JTBC의 〈냉장고를 부탁해〉는 〈拜托了冰箱 bàituō le bīngxiāng〉이라는 중국 제목으로 번역 되었어요.

적중훈련

- (请)帮我一下，拜托(你)了。 나 좀 도와주세요, 부탁드려요.
  (Qǐng) bāng wǒ yíxià, bàituō(nǐ)le.

- 好的。 네. / 알겠습니다.
  Hǎo de.

了 le (변화·완료 어기조사) | 冰箱 bīngxiāng 냉장고 | 请 qǐng 청하다 | 帮 bāng 돕다 | 一下 yíxià 좀 ~하다 | 好的 hǎo de 그래, 오케이

취업난을 뚫고 취업에 성공한 선배에게
만학도로 당당하게 대학을 졸업한 부모님께

> 축하해요

恭喜恭喜

[Gōngxǐ gōngxi]

한자 恭(공손할 공)과 喜(기쁠 희)가 만나서 '축하하다'라는 恭喜 gōngxǐ 가 되었어요. 의미를 강조하고 싶으면 동사를 중첩하여 恭喜恭喜。Gōngxǐ gōngxi. 라고 하면 됩니다. 취업, 승진, 결혼, 출산 등의 경우에도 모두 어울리는 말이니 마음을 담아 인사해 보세요. 꽁시 꽁시!

적중훈련

恭喜 뒤에 오는 단어를 교체하면 여러 상황에서 쓸 수 있는 축하 인사가 돼요.

- 恭喜发财。 Gōngxǐ fācái. 돈 많이 벌어요. / 대박나길.
- 恭喜结婚。 Gōngxǐ jiéhūn. 결혼 축하해요.
- 恭喜毕业。 Gōngxǐ bìyè. 졸업 축하해요.

发财 fācái 큰돈을 벌다 | 结婚 jiéhūn 결혼하다 | 毕业 bìyè 졸업하다

저 혼자서는 못 해냈을 거예요
성공적인 프로젝트가 되도록 도와준 팀원에게

덕분이에요

托你的福

[Tuō nǐ de fú]

동양의 겸손함이 배어 있는 멋진 말이에요. 托 tuō 는 '의지하다, 기대다'라는 뜻으로, **托你的福**。Tuō nǐ de fú. 는 직역하면 '당신의 복에 의지하다'가 됩니다. 우리말의 '(당신) 덕분이에요'와 딱 어울리는 개념이죠.

적중훈련

공을 타인에게 돌리는 훈훈한 표현들을 더 알아봐요. 원만한 사회생활의 필수이기도 하죠.

- 还好有你。　Hái hǎo yǒu nǐ. 당신이 있어 다행이에요.
- 有你(真)好。　Yǒu nǐ (zhēn) hǎo. 당신이 있어 (진짜로) 좋아요.
- 谢谢有你。　Xièxie yǒu nǐ. 당신이 있음에 감사해요.

| 的 de ~의 것 | 福 fú 복 | 还好 hái hǎo 다행히도 |
| 有 yǒu 있다 | 真 zhēn 진짜로 | 好 hǎo 좋다 | 谢谢 xièxie 감사하다 |

전국의 고3 수험생 여러분
전국의 취업 준비생 여러분

> 힘내세요

加油
[Jiāyóu]

중국어를 모르는 사람도 "찌아 요!"는 한두 번 들어 봤을 거예요. '파이팅', '힘내세요'라는 말이죠. 加 jiā 는 '더하다', 油 yóu 는 '기름'의 뜻이니 加油! Jiāyóu!는 '기름을 더하다'라는 말이네요. 기름을 가득 채워 힘차게 달리라는 의미겠죠?

적중훈련

상대방의 기운을 북돋는 힘찬 응원의 표현들을 더 알아봐요.

- 高考加油! Gāokǎo jiāyóu! 수능 파이팅!
- 为你加油! Wèi nǐ jiāyóu! 당신을 응원해요!
- 今天也加油! Jīntiān yě jiāyóu! 오늘도 힘내세요!

高考 gāokǎo 중국의 대학 입학 시험 | 为 wèi ~을 위하여 | 今天 jīntiān 오늘 | 也 yě ~도

승진 시험을 앞둔 과장님에게
이제 막 중국어 걸음마를 뗀 친구에게

열공하세요

好好学习

[Hǎohao xuéxí]

중국어는 무언가를 강조하고 싶을 때 두 번 반복해서 말하곤 해요. '좋다'라는 **好** hǎo를 반복하면 '잘, 실컷'이라는 뜻의 부사가 됩니다. 그래서 '**好好**+동사'는 '잘 ~(동사)하세요'라는 의미예요. 이때 두 번째 **好**는 경성임을 기억하세요!

적중훈련

'好好+동사' 패턴을 사용하여 여러 강조 표현들을 만들 수 있어요.

- **好好**工作。 Hǎohao gōngzuò. 열일하세요.
- **好好**休息。 Hǎohao xiūxi. 푹 쉬어요.
- **好好**想想。 Hǎohao xiǎngxiang. 잘 생각해 봐요.

学习 xuéxí 공부하다 | 工作 gōngzuò 일하다 | 休息 xiūxi 쉬다 | 想 xiǎng 생각하다

수능을 치르고 친구들끼리 격려할 때
프로젝트를 잘 마무리한 신입사원에게

수고했어요

辛苦了

[Xīnkǔ le]

辛苦 xīnkǔ는 한자 辛(매울 신)과 苦(쓸 고)가 쓰였네요. 그래서 辛苦了 Xīnkǔ le.라고 하면 '맵고 쓴 시간을 보냈다', 바로 '수고했어요'라는 말입니다. 어기조사인 了 le를 啦 la로 바꿔 주면 보다 경쾌한 느낌을 주기도 해요. 윗사람에게 말할 때는 존칭인 您 nín을 맨 앞에 붙여 주세요.

적중훈련

- 考试结束了, 辛苦了。 시험이 끝났네요. 수고했어요.
  Kǎoshì jiéshù le, xīnkǔ le.

- 谢谢老师。 감사합니다. 선생님.
  Xièxie lǎoshī.

辛苦 xīnkǔ 수고롭다 | 了 le (변화·완료 어기조사) | 考试 kǎoshì 시험 |
结束 jiéshù 끝나다 | 谢谢 xièxie 감사하다 | 老师 lǎoshī 선생님

주말만을 기다려 온 모든 직장인들에게
불금에는 기분 좋으니까 만나는 사람마다

> 즐거운 주말 보내세요

周末快乐
[Zhōumò kuàilè]

'주말'을 가리키는 **周末** zhōumò 뒤에 '즐겁다, 유쾌하다' 뜻의 **快乐** kuàilè만 붙여 주면 주말 인사가 됩니다. **快乐** 대신 같은 뜻인 **愉快** yúkuài를 써도 같은 말이에 요. 두 가지 모두 자주 쓰이니 이번 주에는 "쪼우 모 콰이 러", 다음 주에는 "쪼우 모 위 콰이"하고 인사해 보세요.

적중훈련

快乐는 생일이나 명절과 같은 특정일 뒤에 붙여서 쓸 수도 있어요.

- 生日快乐。 Shēngrì kuàilè. 생일 축하해요.
- 新年快乐。 Xīnnián kuàilè. 새해 복 많이 받으세요.
- 圣诞节快乐。 Shèngdàn jié kuàilè. 메리 크리스마스.

生日 shēngrì 생일 | 新年 xīnnián 새해 | 圣诞节 shèngdàn jié 크리스마스

어두운 밤길
시간 내어 와 주셔서 감사해요

조심히 가세요

慢走

[Màn zǒu]

慢走。Màn zǒu.는 직역하면 '천천히(慢) 가다(走)'예요. 그런데 정말 걸음을 천천히 하라는 의미가 아니라 '조심히 살펴 가세요'라는 말이에요. 중국에서는 매우 일반적이고 활용도가 높은 배웅 인사입니다.

적중훈련

别送了。 나오지 마세요.
Bié sòng le.

那就不送了, 慢走。 그럼 안 나갈게요. 조심히 가세요.
Nà jiù bú sòng le, màn zǒu.

別…了 bié…le ~하지 마라 | 送 sòng 배웅하다 | 那就 nà jiù 그렇다면 | 不 bù 아니다 | 了 le (완료·변화 어기조사)

퇴근하는 직장 동료에게
내일 만나기로 약속한 친구에게

> 내일 만나요

明天见

[Míngtiān jiàn]

明天见。Míngtiān jiàn.은 어순과 의미가 우리말과 일치해요. '내일'을 뜻하는 明天 míngtiān 에 '만나다, 보다'라는 见 jiàn 이 더해져서 '내일 만나요', '내일 봐요'라는 인사가 되었습니다. '시간/시간 부사+见' 패턴을 사용하면 여러 작별 인사를 만들 수 있는데요, 아래 예문으로 함께 배워 봐요.

적중훈련

'시간/시간 부사+见' 패턴을 사용한 다른 작별 인사들도 알아봐요.

- 再见。 Zàijiàn. 또 만나요.
- 改天见。 Gǎitiān jiàn. 다음에 만나요.
- 一会儿见。 Yíhuìr jiàn. 이따 만나요.

再 zài 또 | 改天 gǎitiān 다른 날 | 一会儿 yíhuìr 잠깐 사이

힘든 하루를 잊고
오늘 하루도 고생했어요

잘 자요

晚安

[Wǎn'ān]

晚 wǎn은 '늦다' 또는 '밤', 安 ān은 '편안하다'라는 뜻으로, 이 둘이 합쳐진 晚安。Wǎn'ān.은 '편안한 밤 되세요', '잘 자요'라는 인사로 쓰여요. 상대방의 나이에 상관없이 누구에게나 쓸 수 있는 말입니다. 오늘 하루도 고군분투한 여러분, 완 앤!

적중훈련

더 달콤한 잠자리 인사 표현들도 알아볼까요?

- 梦里见。 Mènglǐ jiàn. 꿈에서 만나요.
- 睡个好觉。 Shuì ge hǎo jiào. 꿀잠 자요.
- 做个好梦。 Zuò ge hǎo mèng. 좋은 꿈 꾸세요.

| 梦里 mènglǐ 꿈 속 | 见 jiàn 만나다 | 睡觉 shuìjiào (잠을) 자다 |
| 个 ge 개 | 好 hǎo 좋다 | 做梦 zuò mèng 꿈을 꾸다 |

친구야, 오늘 즐거웠어
전화 통화를 마치고 끊을 때도

> 바이바이

拜拜
[Bài bai]

중국어를 모르는 사람도 헤어질 때 인사인 再见。Zàijiàn. 은 들어 봤을 거예요. 그런데 영어 Bye-bye.의 발음과 의미를 빌려서 하는 인사도 있어요. 친구 사이에서 흔히 쓰는 拜拜。Bài bai. 입니다. 성조를 지키기보다 영어로 말하듯이 인사해 주세요.

적중훈련

다양한 작별 인사들을 준비했어요.

- 88 Bābā. 바이바이.   [채팅이나 SNS에서 흔히 사용함]
- 路上小心。 Lùshàng xiǎoxīn. 가는 길 조심하세요.   [화자는 남고 청자는 떠날 때]
- 一路平安。 Yílù píng'ān. 가는 길 평안하세요.   [먼 길을 떠나는 사람에게]

88 bābā (Bye-bye. 발음 차용) | 路上 lùshàng 길위 |
小心 xiǎoxīn 조심하다 | 一路 yílù 여정 | 平安 píng'ān 평안하다

연습문제

빈칸에 알맞은 중국어를 넣어 말해 보세요.

01 굿모닝. ＿＿＿＿。

02 하이. ＿＿＿＿。

03 오랜만이에요. ＿＿＿久＿＿＿见。

04 잘 지내요? 你＿＿＿＿好吗?

05 오늘 뭐해요? ＿＿＿＿你＿＿啥?

06 시간 있어요? 你有＿＿＿吗?

07 고마워요. ＿＿＿＿。

08 미안해요. 不＿＿＿意思。

09 실례합니다. ＿＿＿＿一下。

10 부탁드려요. 拜＿＿＿了。

정답 01. 早 Zǎo 02. 嗨 Hāi 03. 好久不见 Hǎo jiǔ bú jiàn 04. 你过得好吗 Nǐ guò de hǎo ma 05. 今天你干啥 Jīntiān nǐ gàn shá 06. 你有空吗 Nǐ yǒu kòng ma 07. 谢谢 Xièxie 08. 不好意思 Bù hǎo yìsi 09. 打扰一下 Dǎrǎo yíxià 10. 拜托了 Bàituō le

说一说

11	축하해요.	恭喜_____。
12	덕분이에요.	_____你的_____。
13	힘내세요.	_____油。
14	열공하세요.	_____学习。
15	수고했어요.	辛_____了。
16	즐거운 주말 보내세요.	周末_____。
17	조심히 가세요.	_____走。
18	내일 만나요.	明天_____。
19	잘 자요.	_____安。
20	바이바이.	_____。

정답 11. 恭喜恭喜 Gōngxǐ gōngxi 12. 托你的福 Tuō nǐ de fú 13. 加油 Jiāyóu 14. 好好学习 Hǎohao xuéxí 15. 辛苦了 Xīnkǔ le 16. 周末快乐 Zhōumò kuàilè 17. 慢走 Màn zǒu 18. 明天见 Míngtiān jiàn 19. 晚安 Wǎn'ān 20. 拜拜 Bài bai

☑ 이번 장에서는
무엇을 배울까요?

心情怎么样?
기분이 어때요?

CHAPTER 02

감정과 상태

솔직하게 내 기분을 표현해요

결혼을 일주일 앞둔 당신
믿었던 친구에게 배신 당한 당신

기분이 어때요?

心情怎么样?

[Xīnqíng zěnmeyàng?]

心情 xīnqíng은 '마음'의 心 xīn과 '감정'의 情 qíng이 합쳐져서 '기분, 심정'을 뜻해요. 상대방의 기분을 묻는 방법은 우리말과 중국어 어순이 매우 유사합니다. '(주어)+기분(心情 xīnqíng)+어때요(怎么样 zěnmeyàng)?' 순서로 말하면 돼요.

적중훈련

心情怎么样? 질문에 '좋다', '안 좋다'라고 대답하는 기본 표현들이에요.

- 心情很好。 Xīnqíng hěn hǎo. 기분이 좋아요.
- 心情非常好。 Xīnqíng fēicháng hǎo. 기분이 아주 좋아요.
- 心情不好。 Xīnqíng bù hǎo. 기분이 안 좋아요.

怎么样 zěnmeyàng 어떠하다(의문대사) |
很 hěn (의미를 부여하지 않고 습관적으로 사용) | 好 hǎo 좋다 | 非常 fēicháng 아주 | 不 bù 아니다

당신과 함께라서
중국에서의 유학 생활이

진짜 즐거워요

真的很开心

[Zhēn de hěn kāixīn]

心情怎么样? Xīnqíng zěnmeyàng? 이라는 질문에 '좋다', '안 좋다'라고 대답하는 것이 싫증난다면 开心 kāixīn을 써서 대답해 보세요. '즐겁다'라는 뜻으로, 신나고 즐거운 감정을 묘사하는 단어예요. 真的 zhēn de 는 수식어니까 '진짜' 즐거운 정도가 아니라면 생략해도 됩니다.

적중훈련

즐거운 감정을 묘사하는 다른 단어들도 사용해 봐요.

- (真的)很高兴。 (Zhēn de) hěn gāoxìng. (진짜) 기뻐요.
- (真的)很快乐。 (Zhēn de) hěn kuàilè. (진짜) 신나요.
- (真的)很幸福。 (Zhēn de) hěn xìngfú. (진짜) 행복해요.

高兴 gāoxìng 기쁘다 | 快乐 kuàilè 신나다 | 幸福 xìngfú 행복하다

매일 똑같은 일이 반복되니까
하루 종일 집에 혼자 있으니까

심심해요

无聊
[Wúliáo]

无聊 Wúliáo는 한자 그대로 읽으면 '무료'예요. '무료하다'라고 할 때 바로 그 한자죠. '(이야기 나눌 사람이 없어 따분하고) 심심하다'라는 뜻입니다. SNS에서는 우리말의 '노잼'과 같은 의미로 쓰기도 하며 발음이 비슷해서 숫자 56 wǔ liù로 바꿔 표기하기도 해요.

적중훈련

你一个人在家吗? 너 혼자 집에 있어?
Nǐ yí ge rén zài jiā ma?

嗯, 无聊。 응, 심심해.
Èn, wúliáo.

一个人 yí ge rén 혼자 | 在 zài ~에 있다 | 家 jiā 집 | 吗 ma (의문조사) | 嗯 èn 응, 그래(구어)

오늘 회의 시간에 면박 당했어요
열심히 공부했는데 성적이 더 떨어졌어요

기분이 꿀꿀해요

真不甘心

[Zhēn bù gānxīn]

메롱할 때 입 모양을 닮은 甘gān은 '달다', 심장을 닮은 心xīn은 '마음'을 뜻해요. 이 두 단어가 만나서 '달가워하다, ~에 만족하다'라는 甘心gānxīn이 되었습니다. 마음이 달가우면 기분도 좋을 텐데 앞에 부정의 不bù가 붙어 기분이 꿀꿀해 졌네요.

적중훈련

꿀꿀한 기분을 묘사하는 다른 표현들도 알아봐요.

- 想哭。 Xiǎng kū. 울고 싶어요.
- 很郁闷。 Hěn yùmèn. 우울해요.
- 宝宝心里苦。 Bǎobao xīnli kǔ. 애기는 마음이 안 좋아요. [애교 장착 Ver.]

真 zhēn 진짜로 | 想 xiǎng ~하고 싶다 | 哭 kū 울다 | 很 hěn (의미를 부여하지 않고 습관적으로 사용) | 郁闷 yùmèn 우울하다 | 宝宝 bǎobao 애기 | 心里 xīnli 마음속 | 苦 kǔ 쓰다

5시간 내내 운전했더니
이제 겨우 출근했을 뿐인데

> 피곤해 죽겠어요

累死了

[Lèi sǐ le]

'아파 **죽겠다**', '더워 **죽겠다**', '피곤해 **죽겠다**'라는 언어 습관은 중국도 비슷해요. 진짜 죽는 거 아니고 강조 표현인 거 아시죠? …死了…sǐ le가 바로 '~해 죽겠다'라는 의미예요. 우리도 '귀여워 죽겠다'라고 하는 것처럼 꼭 부정적인 상황에서만 쓰는 건 아니에요.

적중훈련

'동사/형용사+死了' 패턴의 다른 표현들도 알아봐요.

- 热**死了**。 Rè sǐ le. 더워 죽겠어요.
- 疼**死了**。 Téng sǐ le. 아파 죽겠어요.
- 可爱**死了**。 Kěài sǐ le. 귀여워 죽겠어요.

累 lèi 피곤하다 | 热 rè 덥다 | 疼 téng 아프다 | 可爱 kěài 귀엽다

교감 선생님의 훈화 말씀이
날 새는지 모르고 게임을 했더니

너무 졸려요

太困了
[Tài kùn le]

太…了 tài…le는 '너무 ~하다'라는 의미로, 우리말의 '매우, 정말, 진짜' 같은 여러 정도 표현 중 '너무'에 딱 어울리는 표현입니다. '졸리다'라는 困 kùn은 '춘곤증'의 '곤'자예요. 한자 木(나무 목)이 口(에워쌀 위)에 갇혀 있으니 산소 공급도 안되고 얼마나 졸릴까요?

적중훈련

일반적으로 太와 了 사이에는 형용사를 쓰며 긍정과 부정 표현에 모두 사용할 수 있어요.

- 太忙了。 Tài máng le. 너무 바빠요.
- 太好了。 Tài hǎo le. 너무 잘됐네요.
- 太高兴了。 Tài gāoxìng le. 너무 기뻐요.

忙 máng 바쁘다 | 好 hǎo 좋다 | 高兴 gāoxìng 기쁘다

당당한 사회인으로서 첫 출근 날
소개팅 한 그녀와 두 번째 만나는 날

긴장돼요

好紧张

[Hǎo jǐnzhāng]

好紧张

紧张 jǐnzhāng 은 한자 그대로 읽으면 '긴장', 중국어 발음도 '진짱'이에요. 뜻도 '긴장하다'입니다. 우리말과 참 비슷하죠? 너무 떨리고 긴장해서 발음이 '지~인~짱'된다고 외워 두세요. 好 hǎo 같은 정도 표현은 본래 생략이 가능하지만 好紧张。Hǎo jǐnzhāng. 은 관용구처럼 쓰이므로 일반적으로 생략하지 않아요.

적중훈련

好紧张。 긴장돼요.
Hǎo jǐnzhāng.

别紧张, 有我呢。 긴장하지 말아요. 내가 있잖아요.
Bié jǐnzhāng, yǒu wǒ ne.

别 bié ~하지 마라 | 有 yǒu 있다 | 呢 ne (동작·상황의 지속을 나타내는 조사)

처음부터 차근차근 시작하면 돼요
'천 리 길도 한 걸음부터'라고 하잖아요

조급해 말아요
别着急
[Bié zháojí]

紧张 jǐnzhāng이 설레는 긴장이라면 着急 zháojí는 초조한 조급함으로, '조급해하다'라는 뜻이에요. 뭔가에 쫓기듯 안절부절 못하는 느낌이라고 기억하면 좋겠어요. '생긴 게 조급하다'라는 长得很着急。Zhǎng de hěn zháojí.는 무슨 뜻일까요? '노안이네요'라고 놀리는 말이랍니다.

적중훈련

我们迟到了。 우리 늦었어요.
Wǒmen chídào le.

别着急, 马上到。 조급해 마요, 곧 도착해요.
Bié zháojí, mǎshàng dào.

长得 zhǎng de 생긴 게 | 很 hěn (의미를 부여하지 않고 습관적으로 사용) |
迟到 chídào 지각하다 | 了 le (변화·완료 어기조사) | 马上 mǎshàng 곧 | 到 dào 도달하다

버스에서 졸다가 창문에 머리를 박았을 때
술에 취해 전 남자친구에게 전화를 걸었을 때

진짜 창피해요
真丢脸
[Zhēn diū liǎn]

真丢脸

丢 diū 는 '잃어버리다', 脸 liǎn 은 '얼굴'이라는 뜻이에요. 丢脸 diū liǎn 은 우리말의 '낯이 없다'와 같은 것으로, 과장된 '창피하다'의 의미입니다. 영어에도 lose face 라는 말이 있더라고요. 창피할 때 얼굴이 화끈거리는 건 만국 공통인가 봐요. '진짜로'라는 정도 표현인 真 zhēn 은 생략해도 됩니다.

적중훈련

- 你把衣服穿反了。 당신 옷을 뒤집어 입었어요.
  Nǐ bǎ yīfu chuān fǎn le.

- (真)丢脸。 (진짜로) 창피하네요.
  (Zhēn) diū liǎn.

把 bǎ ~을 가지고 | 衣服 yīfu 옷 | 穿 chuān 입다 | 反 fǎn 뒤집힌 | 了 le (변화·완료 어기조사)

연락도 없이 1시간이나 늦는 친구야
매번 나한테 살쪘다고 하는 눈치 없는 과장님

진짜 화나게 하네
真让人生气
[Zhēn ràng rén shēngqì]

让 ràng은 '~하게 하다'라는 사역동사예요. 그래서 让人 ràng rén은 '사람을 ~하게 하다'라는 의미죠. '화내다, 성나다'라는 生气 shēngqì와 함께 쓰면 '사람을 화나게 하다'라는 말이 됩니다. 真 zhēn은 정도 표현이니까 '진짜로' 화난 게 아니라면 생략해도 괜찮아요.

적중훈련

화나고 짜증날 때 쓸 수 있는 다른 표현들도 모아 봤어요.

- 我很生气。 Wǒ hěn shēngqì. 나 화났어요.
- 太麻烦了。 Tài máfan le. 너무 성가셔요.
- 气死我了。 Qì sǐ wǒ le. 성질 나 죽겠어요.

很 hěn (의미를 부여하지 않고 습관적으로 사용) |
太…了 tài…le 너무 ~하다 | 麻烦 máfan 성가시다 | 气 qì 화나다 | 死 sǐ 죽다

해도 해도 끝이 없는 업무
살쪄서 보기 싫은 거울 속 내 모습

못 참겠어요

受不了

[Shòu bu liǎo]

'~할 수 없다'라는 중국어는 여러 가지가 있지만 가장 네이티브 같은 표현은 '동사 +不了' 패턴이에요. '~할 수 있다'는 부정의 不bu 이때 了는 경성를 긍정의 得de로 교체하면 끝!

- 去不了。 Qù bu liǎo. 갈 수 없다. ↔ 去得了。 Qù de liǎo. 갈 수 있다.
- 吃不了。 Chī bu liǎo. 먹을 수 없다. ↔ 吃得了。 Chī de liǎo. 먹을 수 있다.

적중훈련

受不了를 한 단어처럼 사용할 수도 있어요. 아래 예문의 得는 모두 '~정도가'라는 뜻입니다.

- 热得受不了。 Rè de shòubuliǎo. 더워서 못 참겠어요.
- 疼得受不了。 Téng de shòubuliǎo. 아파서 못 참겠어요.
- 气得受不了。 Qì de shòubuliǎo. 화가 나서 못 참겠어요.

受 shòu 참다 | 去 qù 가다 | 吃 chī 먹다 | 热 rè 덥다 | 疼 téng 아프다 | 气 qì 화나다

키보드에 커피를 쏟았을 때
휴대폰이랑 지갑을 한방에 잃어버렸을 때

진짜 재수 없네

真倒霉

[Zhēn dǎoméi]

倒霉 dǎoméi는 '재수 없다, 운수 사납다'라는 뜻이에요. 倒 dǎo는 '넘어지다'라는 뜻이니까 일단 재수가 없고 霉 méi는 한자를 뜯어 보니 雨(비 우)가 每(매일 매) 오는 군요. 조합해 보니 왜 '재수 없다'라는 뜻을 갖게 되었는지 알겠네요.

적중훈련

怎么了? 어떻게 된 거야?
Zěnme le?

(真)倒霉, 我错过了公车。 (진짜로) 재수 없네, 버스를 놓쳤어.
(Zhēn) dǎoméi, wǒ cuò guò le gōngchē.

真 zhēn 진짜로 | 怎么 zěnme 어째서, 어떻게(의문대사)
了 le (변화·완료 어기조사) | 错过 cuò guò 놓치다 | 公车 gōngchē 버스

로또만 되면 바로 사표 낼 거예요
오늘부터 공부해서 서울대 갈 거예요

> 꿈 깨요

想得美

[Xiǎng de měi]

문장을 한번 풀어 볼까요? '생각하다(想 xiǎng)+~정도가(得 de)+아름답다(美 měi)'가 되네요. 어울리는 우리말로 바꿔 보면 '꿈도 야무지네요', '꿈 깨요'와 같은 의미예요. 상대방의 허황된 꿈을 비꼬는 말로 '꿈도 크네요'라고 말하는 것과 같은 어감입니다.

적중훈련

🧑 无聊，我们亲一个吧。 심심한데, 우리 뽀뽀나 한번 하자.
　　Wúliáo, wǒmen qīn yí ge ba.

👩 **想得美！** 꿈 깨라!
　　Xiǎng de měi!

无聊 wúliáo 심심하다 | 亲 qīn 입 맞추다 | 一个 yí ge 한 개 | 吧 ba (청유·명령 어기조사)

네 말이 실제로 일어났어
방금 너 뒤로 하얀 뭔가가 지나갔어

완전 소름

太吓人了

[Tài xià rén le]

太…了 tài…le 가 '너무 ~하다'라는 건 앞에서 공부했죠? 太와 了 사이에 있는 吓人 xià rén 은 '무섭다, 놀라다, 소름 끼치다'라는 뜻인데요. 吓 xià 를 자세히 보세요. 한자 口(입 구)가 下(아래 하)로 떡 벌어질 정도로 무섭고 놀란 모습인가 봐요. 절대 까먹지 않겠죠?

적중훈련

- 这是什么声音? 이게 무슨 소리지?
  Zhè shì shénme shēngyīn?

- 我不知道, 太吓人了。 모르겠어, 완전 소름.
  Wǒ bù zhīdào, Tài xià rén le.

这 zhè 이것 | 是 shì ~이다 | 什么 shénme 무엇(의문대사)
声音 shēngyīn 소리 | 不 bù 아니다 | 知道 zhīdào 알다

친구가 추천해 준 이 책이
요즘 보고 있는 중국드라마가

꿀잼이에요

超有意思

[Chāo yǒu yìsi]

超 chāo 는 '뛰어넘을 초'로 영어의 super와 같아요. 정도를 표현하는 단어이므로 생략해도 됩니다. 친구 사이나 SNS 등에서 많이 쓰이니 어른들과 소통할 때는 超 대신 真 zhēn 이나 非常 fēicháng 을 사용해 주세요. '재미'를 뜻하는 意思 yìsi 는 우리말과 똑같이 '있다'라는 有 yǒu 동사와 함께 써요.

적중훈련

재미가 없을 때는 어떻게 말할까요? '재미있다'와 '재미없다'를 쉽게 외우는 Tip도 알려 줄게요.

- 有意思。 Yǒu yìsi. 재미있다.   Tip! 재미이쓰 → yǒu yìsi [요 이쓰]
- 没(有)意思。 Méi(yǒu) yìsi. 재미없다.   Tip! 재미없쓰 → méi yìsi [메이 이쓰]

超 chāo 뛰어나다 | 真 zhēn 진짜로 | 非常 fēicháng 아주 | 没(有) méi(yǒu) 없다

월급이 통장을 스쳐간 느낌일 때
중국어를 4년이나 공부했는데 한마디도 못할 때

笑哭

[Xiào kū]

웃긴데 슬픈(?), 뭔가 허탈한 상황에서 '웃프다'라는 말을 하죠. 중국어에도 '웃프다'와 똑 떨어지는 말이 있어요. 웃기면서 울고 싶은 것을 의미하는 笑哭。Xiào kū。입니다. '웃다'라는 笑 xiào 와 '울다'라는 哭 kū 가 합체한 말이죠.

적중훈련

有个小孩叫我"阿姨"。 어떤 꼬마가 나보고 "아줌마"래.
Yǒu ge xiǎohái jiào wǒ āyí.

笑哭。 웃프다.
Xiào kū.

有 yǒu 어느, 모(某) | 个 ge 명 | 小孩 xiǎohái 어린이 | 叫 jiào 부르다 | 阿姨 āyí 아주머니

일부러 모른 척한 건 아니에요
일부러 그런 말한 건 아니에요

고의가 아니에요

不是故意的

[Bú shì gùyì de]

不是故意的

실수 또는 무의식 중에 한 행동에 대해 해명할 때 쓰는 말이에요. **不是** bú shì 는 '~이 아니다', **故意** gùyì 는 '고의로, 일부러'라는 뜻이니까 함께 쓰면 '고의가 아니에요'가 되겠네요. 나의 실수에 상대방이 단단히 오해했다면 억울한 표정으로 말해 보세요. 부 스 꾸이 더~

적중훈련

🧑 你生气了吗? **不是故意的**。 화났어요? 고의가 아니에요.
　Nǐ shēngqì le ma? Bú shì gùyì de.

👩 我知道。 알아요.
　Wǒ zhīdào.

的 de ~의 것 | 生气 shēngqì 화내다 | 了 le (변화·완료 어기조사) | 吗 ma (의문조사) | 知道 zhīdào 알다

그 꽃 저에게 주는 건 줄 알았어요
당신이 저를 좋아하는 줄 알았어요

내가 오해했네요

我误会了

[Wǒ wùhuì le]

误会 wùhuì 는 우리말 '오해'와 한자가 같아요. [우 후웨이]라는 발음도 비슷하고 뜻 역시 '오해하다'입니다. '내'가 오해했다면 我 wǒ 를, '당신'이 오해했다면 你 nǐ 를 써서 당사자를 명확히 밝혀 주는 게 오해의 소지가 없겠죠?

적중훈련

误(그르칠 오)가 포함된 단어는 '잘못'의 어감을 주는 경우가 많아요.

- 错误 cuòwù 착오, 잘못
- 耽误 dānwu 일을 그르치다, 지체하다

예) 犯错误。Fàn cuòwù. 잘못을 저지르다.
예) 耽误时间。Dānwu shíjiān. 시간을 지체하다.

犯 fàn 저지르다 | 时间 shíjiān 시간

중국어를 어떻게 공부해야 하는지
고백은 어느 타이밍에 해야 하는지

감 잡았어요

找到感觉了

[Zhǎo dào gǎnjué le]

'감 잡았다, 감이 온다'라는 말의 '감'이 한자 感(느낄 감)이라는 사실, 알고 있었나요? '감각, 감성, 감정' 같은 단어에도 쓰이는데, 이 중에서 '감각'이 바로 感觉 gǎnjué 입니다. '감, 느낌'이라는 뜻이죠. 그럼 '감을 찾아내다'라는 找到感觉了。Zhǎo dào gǎnjué le. 가 무슨 의미인지 감 잡았나요?

적중훈련

感觉를 사용한 다른 표현들도 알아봐요.

- 有**感觉**了。Yǒu gǎnjué le. 감이 왔어요.
- **感觉**很好。Gǎnjué hěn hǎo. 감이 좋아요.
- **感觉**不好。Gǎnjué bù hǎo. 감이 좋지 않아요.

找到 zhǎo dào 찾아내다 | 了 le (변화·완료 어기조사) | 有 yǒu 있다 |
很 hěn (의미를 부여하지 않고 습관적으로 사용) | 不 bù 아니다 | 好 hǎo 좋다

취업도 못했는데 내일이 졸업이래요
베이징까지 갔는데 만리장성을 보지 못했어요

너무 아쉬워요

太可惜了

[Tài kěxī le]

太…了 tài…le 는 '너무 ~하다'라고 배웠죠? 可惜 kěxī 는 '아쉽다', '아깝다', '안타깝다'라는 세 가지 뜻을 담당하는 꿀단어예요. 이 시간이 흘러가는 것이 아쉽고 아깝고 안타깝다면 두 글자만 기억하세요. 可惜!

적중훈련

예문으로 太可惜了 의미의 미묘한 차이를 알아봐요.

- 这样回家, 太可惜了。 Zhèyàng huí jiā, tài kěxī le. 이렇게 집에 가려니, 너무 아쉬워요.
- 他的才能, 太可惜了。 Tā de cáinéng, tài kěxī le. 그 남자 재능이, 너무 아까워요.
- 不能陪你, 太可惜了。 Bù néng péi nǐ, tài kěxī le. 당신과 함께할 수 없어서, 너무 안타까워요.

这样 zhèyàng 이렇게 | 回家 huí jiā 집으로 돌아가다 | 的 de ~의 것 | 才能 cáinéng 재능 | 不能 bù néng ~할 수 없다 | 陪 péi 동반하다

연습문제

빈칸에 알맞은 중국어를 넣어 말해 보세요.

01 기분이 어때요? 　　心情_____样?

02 진짜 즐거워요.　　真的很_____。

03 심심해요.　　无_____。

04 기분이 꿀꿀해요.　　真不_____。

05 피곤해 죽겠어요.　　累_____。

06 너무 졸려요.　　太_____了。

07 긴장돼요.　　好_____。

08 조급해 말아요.　　别_____。

09 진짜 창피해요.　　真丢_____。

10 진짜 화나게 하네.　　真_____人_____。

정답 01. 心情怎么样 Xīnqíng zěnmeyàng　02. 真的很开心 Zhēn de hěn kāixīn　03. 无聊 Wúliáo
04. 真不甘心 Zhēn bù gānxīn　05. 累死了 Lèi sǐ le　06. 太困了 Tài kùn le　07. 好紧张 Hǎo jǐnzhāng　08. 别着急 Bié zháojí　09. 真丢脸 Zhēn diū liǎn　10. 真让人生气 Zhēn ràng rén shēngqì

11	못 참겠어요.	受_____。
12	진짜 재수 없네.	真_____。
13	꿈 깨요.	_____得美。
14	완전 소름.	太_____了。
15	꿀잼이에요.	超_____意思。
16	웃프다.	_____哭。
17	고의가 아니에요.	不是_____的。
18	내가 오해했네요.	我_____了。
19	감 잡았어요.	_____感觉了。
20	너무 아쉬워요.	_____可惜_____。

정답 11. 受不了 Shòu bu liǎo   12. 真倒霉 Zhēn dǎoméi   13. 想得美 Xiǎng de měi   14. 太吓人了 Tài xià rén le   15. 超有意思 Chāo yǒu yìsi   16. 笑哭 Xiào kū   17. 不是故意的 Bú shì gùyì de   18. 我误会了 Wǒ wùhuì le   19. 找到感觉了 Zhǎo dào gǎnjué le   20. 太可惜了 Tài kěxī le

☑ 이번 장에서는
무엇을 배울까요?

天哪！真的吗？
세상에! 진짜예요?

03
CHAPTER

대화와 호응 ①

자신 있게 네이티브 표현을 따라 해요

이번 달 휴대폰 요금 20만 원, 실화인가?
이렇게 예쁜 사람이 우리 학교에 있었다니

세상에

天哪

[Tiān na]

믿을 수 없는 광경을 보면 나오는 감탄사 '세상에', 중국어로는 天哪!Tiān na!라고 해요. 天 tiān 은 한자 그대로 '하늘'을 뜻하고 哪 na 는 감탄의 어기조사입니다. 길게 말할 때는 앞에 我的 Wǒ de 를 붙여서 我的天哪! Wǒ de tiān na!라고도 해요. 영어의 Oh, My God!과 같은 의미죠.

적중훈련

我辞职了。 나 회사 관뒀어요.
Wǒ cízhí le.

天哪！为什么? 세상에! 왜요?
Tiān na! Wèishénme?

的 de ~의 것 | 辞职 cízhí 사직하다 | 了 le (변화·완료 어기조사) | 为什么 wèishénme 왜

나 올해만 10kg 쪘어
걔 올해만 애인이 다섯 번 바뀌었어

我晕

[Wǒ yūn]

이제는 우리에게 익숙한 감탄사죠? 어이없고 황당한 상황에서 나오는 한마디 '헐', 중국어로는 我晕!Wǒ yūn!이라고 해요. 晕 yūn 은 '어지럽다'라는 뜻으로 본래 멀미가 날 때 쓰는 표현이지만 요즘에는 일상 회화나 채팅할 때 우리말의 '헐', '대박' 같은 의미로 널리 쓰인답니다.

적중훈련

大家都走了。 다들 전부 떠났어요.
Dàjiā dōu zǒu le.

我晕! 헐!
Wǒ yūn!

大家 dàjiā 다들 | 都 dōu 전부 | 走 zǒu 떠나다

우리 학교 축제에 아이유가 온대
박 대리님이랑 김 과장님 한판 했대

진짜예요?

真的吗?

[Zhēn de ma?]

상대방의 말을 믿을 수 없어 재차 확인할 때 쓰는 '진짜예요?'는 중국어로 真的吗?Zhēn de ma?라고 해요. 우리도 평소에 "정말요?", "진짜예요?"라고 많이 하죠? 중국인들도 일상 생활에서 진~짜! 真的!Zhēn de! 많이 쓰니까 꼭 기억해 두세요.

적중훈련

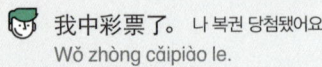 나 복권 당첨됐어요.
Wǒ zhòng cǎipiào le.

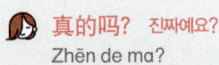 진짜예요?
Zhēn de ma?

真的 zhēn de 진짜('사실'임을 밝히는 어감) | 吗 ma (의문조사)
中 zhòng 들어맞다 | 彩票 cǎipiào 복권 | 了 le (변화·완료 어기조사)

친구가 "너는 내 편이지?"라고 물을 때
여자친구가 "내일 무슨 날인지 알지?"라고 물을 때

당연하죠

当然啦

[Dāngrán la]

当然 dāngrán 은 한자 그대로 읽으면 '당연', 중국어로 읽으면 [땅란]이에요. 발음도 뜻도 우리말과 닮은 쌍둥이 같은 단어죠. 当然까지만 말해도 되지만 뒤에 어기조사 啦 la 를 붙이면 보다 경쾌한 어감을 줍니다. 초급자도 쓰기 좋은 말이니 기억해 두면 좋겠죠?

적중훈련

你想我了吗? 나 보고 싶었어?
Nǐ xiǎng wǒ le ma?

当然啦! 당연하지!
Dāngrán la!

当然 dāngrán 당연하다 | 想 xiǎng 보고 싶어하다

내가 더 열심히 공부했는데 쟤가 과탑이라니
온종일 발가락만 만지던 부장님이 승진이라니

말도 안 돼요

不像话

[Búxiànghuà]

不像话 Búxiànghuà.는 이치나 도리에 맞지 않는 말, 행동, 상황 등에 비난과 원망을 담아 전하는 말이에요. 전체가 한 단어이지만 풀어 보면 '말이 되다, 이치에 맞다'라는 **像话** xiànghuà 와 '아니다'라는 **不** bù 를 함께 쓴 말이에요. 맨 앞에 **真** zhēn 이나 **太** tài 를 써서 정도를 나타내기도 합니다.

적중훈련

- 她每天买衣服。 걔는 매일 옷을 사요.
  Tā měitiān mǎi yīfu.

- (真)不像话。 (진짜로) 말도 안 돼요.
  (Zhēn) búxiànghuà.

真 zhēn 진짜로 | 太 tài 너무 | 每天 měitiān 매일 | 买 mǎi 사다 | 衣服 yīfu 옷

시간이 너무 빨리 가요
한국의 집값은 너무 비싸요

그렇고 말고요
可不是嘛
[Kě bú shì ma]

'왜 아니겠어요', '그렇고 말고요'라는 의미의 관용구 **可不是**。Kě bú shì. 뒤에 당연함을 나타내는 어기조사 **嘛** ma 가 더해진 말이에요. 상대방의 생각이 너무나 내 생각과 같을 때 '그러니까요', '그러게 말이에요'하고 맞장구를 치는 거죠.

적중훈련

🧑 汉语有意思吧? 중국어 재미있죠?
Hànyǔ yǒu yìsi ba?

👩 可不是(嘛)! 그렇고 말고요!
Kě bú shì (ma)!

汉语 Hànyǔ 중국어 | 有 yǒu 있다 | 意思 yìsi 재미 | 吧 ba (추측의 어기조사)

비 오니까 파전이랑 수제비 먹어요
매일 10분씩 중국어 공부를 꾸준히 해 보려고요

좋은 생각이에요
好主意
[Hǎo zhǔyi]

主意 zhǔyi는 '생각, 아이디어'라는 뜻인데 앞에 好 hǎo를 붙여 주면 '좋은 생각이에요', 즉 영어의 Good idea.와 같은 말이 됩니다. 굿 아이디어는 아니지만 어느 정도 공감할 수 있는 의견에는 '일리가 있네요'라는 有道理。Yǒu dàolǐ.도 자주 쓴답니다.

적중훈련

- 我们散散步, 怎么样？ 우리 산책하는 게 어때요?
  Wǒmen sànsànbù, zěnmeyàng?

- 好主意。 좋은 생각이에요.
  Hǎo zhǔyi.

好 hǎo 좋다 | 有 yǒu 있다 | 道理 dàolǐ 일리
散步 sànbù 산책하다 (散散步: 동사 충첩은 시도의 의미) | 怎么样 zěnmeyàng 어떠하다(의문대사)

오늘도 최선을 다한 당신
내 이야기에 항상 귀 기울여 주는 당신

진짜 최고예요

真棒

[Zhēn bàng]

고래도 춤추게 한다는 칭찬의 말! 많이 익혀 둘수록 좋겠죠? 남녀노소 누구에게나 쓸 수 있는 대중적인 것이 바로 真棒!Zhēn bàng!이에요. 棒 bàng은 원래 '방망이'라는 뜻인데 '최고'라는 뜻도 가지고 있어요. 엄지손가락을 세워 보세요. 작은 방망이 같지 않나요?

적중훈련

중국의 신조어들도 알아볼까요? 真棒과 유사한 표현들이에요.

- 真牛! Zhēn niú! 짱이에요!　　　　　　　　[젊은 우리들 Ver.]
- 真酷! Zhēn kù! 진짜로 멋져요!　　　　　　[So cool.의 중국어 Ver.]
- 棒棒哒! Bàngbàng dā! 최고얌!　　　　　　[애교 장착 Ver.]

真 zhēn 진짜로 | 牛 niú 소, 짱이다 | 酷 kù 쿨하다(cool 발음 차용) | 哒 dā (의성어)

그 좋은 자리를 마다하다니
말도 없이 회사를 그만두다니

미친 거 아니에요?

是不是疯了?

[Shì bu shì fēng le?]

疯 fēng을 한번 풀어 볼까요? 한자 疒(병들어 기댈 녁) 안에 风(바람 풍)이 들어 있네요. 마음에 바람이 들어 '미치다'라는 疯이 되었나 봐요. 是不是?Shì bu shì?는 '~인가 아닌가'라는 '긍정+부정' 형태의 의문문입니다. 이때 不bu는 경성임을 기억하세요!

적중훈련

我钱都花光了。 나 돈 다 써버렸어요.
Wǒ qián dōu huā guāng le.

是不是疯了? 미친 거 아니에요?
Shì bu shì fēng le?

是 shì ~이다 | 不 bù 아니다 | 了 le (변화·완료 어기조사)
钱 qián 돈 | 都 dōu 전부 | 花光 huā guāng 다 써버리다

질소가 70%인 과자 봉지를 보고
퇴근 5분 전 업무 폭탄을 던지고 퇴근하는 팀장

> 어이가 없네요

无语了
[Wú yǔ le]

배우 유아인이 "어이가 없네"라고 연기하는 장면, 다들 기억하죠? 이 대사는 중국어로 无语了。Wú yǔ le. 라고 번역되었어요. 无 wú 는 無(없을 무)의 간체자이고 语 yǔ는 '말'이라는 뜻이니 无语 wú yǔ는 '할 말이 없다'라는 의미예요. 맨 앞에 真 zhēn 이나 太 tài 를 써서 정도를 나타내기도 합니다.

적중훈련

- 你喜欢我吗? 너 나 좋아하니?
  Nǐ xǐhuan wǒ ma?

- (真) 无语了。 (진짜로) 어이가 없다.
  (Zhēn) wú yǔ le.

真 zhēn 진짜로 | 太 tài 너무 | 喜欢 xǐhuan 좋아하다 | 吗 ma (의문조사)

좋아하는 이성에게 고백하기 전
할 말이 생각나지 않아 시간을 벌어야 하는 순간

음… 있잖아요…
嗯… 就是…
[Ēn… jiù shì…]

就是 jiù shì 는 여러 의미가 있는데, 구어에서 "있잖아요…"라고 말끝을 흐리며 망설이는 어감으로 쓰기도 해요. 감탄사 嗯 ēn은 생략하고 就是만 써도 됩니다. 비슷한 말로는 '그게…'라는 那个가 있는데, 본래 발음은 nà ge[나 거]이지만 흔히 nèi ge[네이 거]라고 발음해요.

적중훈련

你有话要说吗? 너 할 말 있어?
Nǐ yǒu huà yào shuō ma?

嗯… 就是… 我喜欢你。 음… 있잖아… 나 너 좋아해.
Ēn… jiù shì… wǒ xǐhuan nǐ.

有 yǒu 있다 | 话 huà 말 | 要 yào ~하려 하다 | 说 shuō 말하다 | 吗 ma (의문조사) | 喜欢 xǐhuan 좋아하다

곤란한 질문을 받았을 때
친구가 눈치 없이 계속 비밀을 물어볼 때

말하기 좀 그래요

不好说

[Bù hǎo shuō]

말을 못해서가 아니라 말하기 애매한 경우가 종종 있죠. 그때는 얼굴 가득 난처함을 표하며 不好说。Bù hǎo shuō.라고 말해 보세요. '~(동사)하기 좋지 않다/쉽지 않다'라는 '不好+동사' 패턴에 '말하다'라는 동사 说 shuō만 쓰면 됩니다.

적중훈련

'不好+동사' 패턴의 다른 표현들도 알아봐요.

- 不好学。 Bù hǎo xué. 배우기 좋지 않아요. / 배우기 쉽지 않아요.
- 不好写。 Bù hǎo xiě. 쓰기가 좋지 않아요. / 쓰기가 쉽지 않아요.
- 不好找。 Bù hǎo zhǎo. 찾기가 좋지 않아요. / 찾기가 쉽지 않아요.

不 bù 아니다 | 好 hǎo 좋다 | 学 xué 배우다 | 写 xiě 쓰다 | 找 zhǎo 찾다

제가 알아서 잘 해결할게요
지금도 이미 잘하고 있는 걸요

걱정하지 마세요
别担心
[Bié dānxīn]

'메다'라는 担 dān과 '마음'의 心 xīn이 만나서 担心 dānxīn이 되었어요. 마음이 어딘가 메어 있으니 '걱정하다'라는 뜻이 된 거죠. 别 bié는 '~하지 마라'는 뜻이에요. 연신 한숨을 쉬며 걱정을 키워 가는 친구가 있다면 "비에 딴신" 하고 격려해 주세요.

적중훈련

'别+동사' 패턴의 다른 표현들도 알아봐요.

- 别伤心。Bié shāngxīn. 상심하지 마세요.
- 别失望。Bié shīwàng. 실망하지 마세요.
- 别紧张。Bié jǐnzhāng. 긴장하지 마세요.

伤心 shāngxīn 상심하다 | 失望 shīwàng 실망하다 | 紧张 jǐnzhāng 긴장하다

그런 의도로 말한 건 아닐 거야
살다 보면 이런 일 저런 일 다 겪는 거지

좀 좋게 생각해요

想开点

[Xiǎng kāi diǎn]

想开点

'생각하다(想 xiǎng)+열다(开 kāi)=생각을 넓게 가지다'에 '조금'이라는 뜻의 (一)点(yì)diǎn이 추가 되었어요. 예쁘게 의역하니 '좀 좋게 생각해요'가 완성되네요. 우리도 '좀 ~하다'라는 말을 쓰죠? 중국어도 '동사/형용사+(一)点' 패턴으로 '좀 ~(동사/형용사)하세요'라고 말해요.

적중훈련

'동사/형용사+(一)点' 패턴의 다른 표현들도 알아봐요.

- 快(一)点。 Kuài (yì)diǎn. 좀 빨리요.
- 注意(一)点。 Zhùyì (yì)diǎn. 좀 주의해 주세요.
- 乐观(一)点。 Lèguān (yì)diǎn. 좀 긍정적으로 생각해요.

快 kuài 빠르다 | 注意 zhùyì 주의하다 | 乐观 lèguān 낙관적이다

약속 시간에 늦은 상대방이 거듭 사과할 때
발표를 맡은 팀원이 긴장하여 떨고 있을 때

괜찮아요

不要紧

[Búyàojǐn]

상대방을 안심시킬 수 있는 따뜻한 말이에요. 不要紧 Búyàojǐn.은 본래 전체가 하나의 관용구이지만 풀어 보면 '~하지 마라'는 不要 bú yào 와 '팽팽하다'라는 紧 jǐn 이 만나서 '마음 졸이지 말아요', '괜찮아요'라는 의미가 되었어요.

적중훈련

'괜찮아요'에 해당하는 중국어 표현들이 헷갈리는 분들을 위해 준비했어요.

- 不要紧。 Búyàojǐn. 괜찮아요. / Never mind.   [사과 표현의 대답, 위로 표현]
- 没关系。 Méiguānxi. 괜찮아요. / It doesn't matter.   [사과 표현의 대답]
- 没事(儿)。 Méi shì(r). 괜찮아요. / That's all right.   [没关系。의 구어체 표현]

没(有) méi(yǒu) 없다 | 关系 guānxi 관계 | 事(儿) shì(r) 일, 사정

저도 다 겪어 봤어요
당신도 많이 힘들겠죠

我懂
[Wǒ dǒng]

한자 忄(心, 마음 심)과 董(감독할 동)이 합쳐진 글자 懂 dǒng은 마음으로 각종 상황을 잘 '이해하다'라는 뜻이에요. '그럼, 네 마음 이해하고 말고'의 어감으로 주로 상대방의 감정이나 뜻을 헤아릴 때 씁니다. 영어의 I understand. 정도가 되겠네요.

적중훈련

你懂我的心吧? 넌 내 마음 이해하지?
Nǐ dǒng wǒ de xīn ba?

嗯, 我懂。 응, 이해해.
Èn, wǒ dǒng.

的 de ~의 것 | 心 xīn 마음 | 吧 ba (추측의 어기조사) | 嗯 èn 응, 그래(구어)

몹시 화가 나 있는 친구에게
좋아하는 가수를 보고 흥분한 친구에게

> 좀 진정해요

冷静点

[Lěngjìng diǎn]

冷静 lěngjìng 은 한자 그대로 읽으면 '냉정'이에요. 하지만 冷静(一)点。Lěngjìng (yì)diǎn.의 冷静은 사람의 성격을 묘사하는 '냉정하다'라는 뜻보다 차분한 감정 상태를 묘사하는 '침착하다, 진정하다'를 뜻해요. 몹시 흥분한 친구를 진정시켜야 한다면 조금은 냉정한 어투로 말해 보세요.

적중훈련

🧑‍🦰 太高兴了, 说不出来了。 너무 좋아서 말이 안 나와요
　　 Tài gāoxìng le, shuō bu chūlai le.

🧑 冷静(一)点。 좀 진정해요.
　　 Lěngjìng (yì)diǎn.

(一)点 (yì)diǎn 조금 | 太…了 tài…le 너무 ~하다 | 高兴 gāoxìng 기쁘다 | 说不出来 shuō bu chūlai 말이 나오지 않다 | 了 le (변화·완료 어기조사)

공부를 하든 말든
오늘 밤 주인공은 당신이니까

마음대로 하세요

随你的便

[Suí nǐ de biàn]

随便 suíbiàn은 '마음대로 하다'라는 한 단어인데, 왜 随 suí와 便 biàn을 떨어뜨려 놓았을까요? 다음과 같이 한자를 풀어 보면 이해하기 쉬워요. 你的 nǐ de 는 생략하고 随便만 써도 같은 말이에요.

- 随(따를 수) / 便(편할 편)
- 随+(你的)+便 = 따르라, (너의) 편함을. / 마음대로 하세요.

적중훈련

我们吃比萨吧。 우리 피자 먹자.
Wǒmen chī bǐsà ba.

随(你的)便。 마음대로 해.
Suí (nǐ de) biàn.

的 de ~의 것 | 吃 chī 먹다 | 比萨 bǐsà 피자 | 吧 ba (청유·명령 어기조사)

그렇게 공부하면 다음 학기 재수강이
하루가 멀다 하고 싸우니 곧 헤어질 게

뻔하네요

很明显

[Hěn míngxiǎn]

어떤 일의 결과가 훤히 들여다보일 때 '뻔하네요'라고 말하곤 하죠? 중국어에서는 '분명하다'라는 형용사 明显 míngxiǎn 을 써요. 很 hěn 은 '매우'라는 뜻의 정도부사이지만 중국인들은 의미를 부여하지 않고 습관적으로 쓰기도 한답니다. 정도를 나타내고 싶다면 真 zhēn 이나 太 tài 등으로 바꿔 보세요.

적중훈련

🧑 她怎么不来? 걔는 왜 안 와?
　　Tā zěnme bù lái?

👧 **很明显**, 见男朋友去。 뻔하지, 남자친구 만나러 갔어.
　　Hěn míngxiǎn, jiàn nán péngyou qù.

真 zhēn 진짜로 | 太 tài 너무 | 怎么 zěnme 어째서, 어떻게(의문대사) | 不 bù 아니다 |
来 lái 오다 | 见 jiàn 만나다 | 男朋友 nán péngyou 남자친구 | 去 qù 가다

너무 웃겨서 배꼽이 빠질 것 같다고?
너무 슬퍼서 눈물이 쏟아질 것 같다고?

오버하지 마세요

不要夸张

[Bú yào kuāzhāng]

금지 표현은 크게 **不要** bú yào와 **别** bié 가 있어요. 동사 앞에 오는 **别**는 '~하지 마라'는 뜻뿐이지만 **不要**는 '필요하지 않다'라는 뜻도 있어서 화자의 어감에 따라 해석이 달라져요. 그래서 **不要夸张**. Bú yào kuāzhāng.은 '① 오버하지 마세요'와 '② 오버할 필요 없어요' 두 가지 해석이 가능하답니다.

적중훈련

🧑 木哈哈哈, (真)好笑。 음하하하, (진짜로) 웃긴다.
　Mù hāhāhā, (Zhēn) hǎoxiào.

👩 **不要夸张。** 오버하지 마.
　Bú yào kuāzhāng.

夸张 kuāzhāng 과장하다 | 木哈哈哈 mù hāhāhā 음하하하(의성어) | 好笑 hǎo xiào 웃긴다

연습문제

빈칸에 알맞은 중국어를 넣어 말해 보세요.

01 세상에. _____哪。

02 헐. 我_____。

03 진짜예요? _____吗?

04 당연하죠. _____啦。

05 말도 안 돼요. 不_____。

06 그렇고 말고요. 可_____嘛。

07 좋은 생각이에요. 好_____。

08 진짜 최고예요. 真_____。

09 미친 거 아니에요? 是不是_____?

10 어이가 없네요. 无_____了。

정답 01. 天哪 Tiān na 02. 我晕 Wǒ yūn 03. 真的吗 Zhēn de ma 04. 当然啦 Dāngrán la 05. 不像话 Búxiànghuà 06. 可不是嘛 Kě bú shì ma 07. 好主意 Hǎo zhǔyi 08. 真棒 Zhēn bàng 09. 是不是疯了 Shì bu shì fēng le 10. 无语了 Wú yǔ le

说一说

11 음… 있잖아요…　　　嗯…_____…

12 말하기 좀 그래요.　　　_____说。

13 걱정하지 마세요.　　　_____担心。

14 좀 좋게 생각해요.　　　想_____点。

15 괜찮아요.　　　不要_____。

16 이해해요.　　　我_____。

17 좀 진정해요.　　　_____点。

18 마음대로 하세요.　　　你的_____。

19 뻔하네요.　　　很_____。

20 오버하지 마세요.　　　不要_____。

정답　11. 嗯… 就是… Ēn… jiù shì…　12. 不好说 Bù hǎo shuō　13. 别担心 Bié dānxīn　14. 想开点 Xiǎng kāi diǎn　15. 不要紧 Búyàojǐn　16. 我懂 Wǒ dǒng　17. 冷静点 Lěngjìng diǎn　18. 随你的便 Suí nǐ de biàn　19. 很明显 Hěn míngxiǎn　20. 不要夸张 Bú yào kuāzhāng

☑ 이번 장에서는
무엇을 배울까요?

你觉得呢?
당신 생각은요?

CHAPTER 04

대화와 호흡 ②

자신 있게 네이티브 표현을 따라 해요

저 카페 커피가 그렇게 맛있대요
중국어가 생각처럼 그렇게 어렵지는 않대요

그래요?

是吗?

[Shì ma?]

是吗?

是 shì 의 여러 뜻 중에 '옳다, 그렇다'와 의문조사 吗 ma 가 만나면 '그래요?'라는 반문이 됩니다. 상대방의 말에 가볍게 호응하기 좋은 말이죠. 是를 써서 긍정의 대답도 만들 수 있어요. 是的。Shì de. 는 영어의 Yup! 어감 같은 '응!', '그래요!', 是啊。Shì a. 는 영어의 Yeah~ 어감 같은 '그래~', '그렇죠~'예요.

적중훈련

是를 사용한 반문은 是吧?도 있어요. 是吗?와 是吧?의 차이점과 대답도 알아봐요.

- 是吗? Shì ma? 그래? / 그래요?   [반문, 상대방의 말에 습관적인 호응]
- 是吧? Shì ba? 그치? / 그렇죠?   [공감, 확신을 가진 상태에서 호응]
- → 是。/ 不是。Shì. / Bú shì. 네(Yes). / 아니요(No).

的 de (긍정의 어기조사) | 啊 a (찬탄의 어기조사) | 吧 ba (추측의 어기조사) | 不 bù 아니다

거봐 내 말이
넌 참 아는 게 많아, 평소에 책 많이 읽지?

맞죠?

对不对?

[Duì bu duì?]

对不对?

对 duì 는 '맞다'라는 뜻으로, 긍정의 对 duì 와 부정의 不对 bú duì 가 만나면 '맞아요 안 맞아요?'라는 질문이 돼요. 이런 '긍정+부정' 형태의 의문문을 '정반의문문'이라고 합니다. 对吗?Duì ma? 가 '맞아요?'라면 对不对?Duì bu duì? 이때 对는 경성는 확신이 있는 상태에서 '맞죠?'라고 물어보는 거예요. 이때 对不对?는 对吧?Duì ba?와 바꿔 쓸 수도 있습니다.

적중훈련

🧑 她太可爱了。 그 여자 너무 귀여워.
   Tā tài kě'ài le.

👩 你喜欢她, 对不对? 너 걔 좋아하는 거 맞지?
   Nǐ xǐhuan tā, duì bu duì?

* 앞에서 배운 是와 헷갈린다면 이렇게 기억해 두세요. 是는 Yes! 对는 Right!

吗 ma (의문조사)　太…了 tài…le 너무 ~하다　可爱 kě'ài 귀엽다　喜欢 xǐhuan 좋아하다

왜 중국어를 공부하세요?
왜 이 책을 추천하는 거예요?

왜요?

为什么?

[Wèishénme?]

为 wèi 의 '~때문에'라는 뜻과 '무엇'이라는 의문대사 什么 shénme 가 만나 '뭐 때문에요?', '왜요?'라는 말이 되었어요. 그런데 어떤 일에는 이유를 설명할 수 없을 때도 있잖아요. 그럴 때는 '그냥'이라고 대답해 보세요. 맨 앞에 不 bù 만 붙여서 不为什么。Bú wèishénme. 라고 하면 됩니다.

적중훈련

为什么를 한 단어처럼 사용해서 문장을 만들 수도 있어요.

- 为什么哭? Wèishénme kū? 왜 울어요?
- 为什么生气? Wèishénme shēngqì? 왜 화내요?
- 为什么不说? Wèishénme bù shuō? 왜 말 안 해요?

不 bù 아니다 | 哭 kū 울다 | 生气 shēngqì 화내다 | 说 shuō 말하다

누군가 내 이름을 불러서 뒤를 돌아보며
갑자기 배를 움켜잡으며 고통을 호소하는 친구에게

> 어떻게 된 거예요?

怎么了?

[Zěnme le?]

为什么?와 怎么了?를 헷갈려 하는 분들이 많은데, 차이점을 한번 알아볼까요?

- 为什么? Wèishénme? 왜요? / 뭐 때문에요?   [구체적인 이유·원인 등을 묻는 경우]
- 怎么了? Zěnme le? 왜 그래요? / 어떻게 된 거예요? [가벼운 이유·사정 등을 묻는 경우]

적중훈련

🧑 怎么了? 어떻게 된 거예요?
　　Zěnme le?

👩 没什么。 별일 아니에요.
　　Méi shénme.

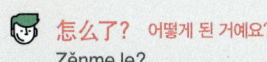

怎么 zěnme 어떻게, 어째서(의문대사) | 了 le (변화·완료 어기조사) | 没什么 méi shénme 별 것 아니다

자기야, 우리 주말에 영화 보자
선생님, 우리 내일은 야외에서 수업해요

오케이

好的

[Hǎo de]

중국어에서 한자 **好**(좋을 호)는 많은 뜻을 가지지만 '좋다'가 대표적이에요. 그래서 상대방 말에 수락·동의의 대답인 '좋아요', '콜', '오케이' 등을 바로 **好** hǎo 가 담당한답니다. **的** de 는 어감을 부드럽게 해 줘요. 또한 중국인들은 **好的**。Hǎo de. 를 두 번 반복해서 말함으로써 흔쾌한 동의를 나타내기도 해요.

적중훈련

我们一起玩吧。 우리 같이 놀자.
Wǒmen yìqǐ wán ba.

好的, 好的! 오케이, 콜!
Hǎo de, hǎo de!

一起 yìqǐ 같이 | 玩 wán 놀다 | 吧 ba (청유의 어기조사)

자기야, 지금 잠깐 와 줄 수 있어?
대리님, 저 좀 도와주실 수 있으세요?

문제 없어요
没问题
[Méi wèntí]

문장을 보니 '없다(没 méi)+문제(问题 wèntí)=문제 없다'로 풀어 볼 수 있네요. 영어로는 **No Problem**.이죠. 흔쾌히 수락할 때 쓰는 말이에요. 没는 没有 méiyǒu의 줄임말로 没有问题。Méiyǒu wèntí. 라고 해도 되지만 짧은 没问题。Méi wèntí. 가 더 호탕한 느낌이니 참고하세요.

적중훈련

🧑 你能帮我吗? 나를 도와줄 수 있어요?
　Nǐ néng bāng wǒ ma?

👩 没(有)问题。 문제 없어요. / 물론이죠.
　Méi(yǒu) wèntí.

能 néng ~할 수 있다 | 帮 bāng 돕다 | 吗 ma (의문조사)

나는 이 영화 재미있을 것 같은데
내가 보기에는 이 색깔이 어울리는 것 같은데

당신 생각은요?

你觉得呢?

[Nǐ juéde ne?]

觉得 juéde 는 '~라고 여기다, ~라고 생각하다'라는 뜻이에요. 내 생각을 얘기할 때는 我觉得 Wǒ juéde 로 시작하고 상대방의 생각을 물을 때는 你觉得呢? Nǐ juéde ne? 라고 하면 됩니다. 이때 呢 ne 는 의문조사로써 문장 끝에 쓰여 '~는?', '~는요?'로 해석돼요.

적중훈련

我觉得不太好, 你觉得呢? 내 생각에는 별로인데, 당신 생각은요?
Wǒ juéde bú tài hǎo, nǐ juéde ne?

我觉得也是。 내 생각도 그래요.
Wǒ juéde yě shì.

不 bù 아니다 | 太 tài 그다지 | 好 hǎo 좋다 | 也 yě ~도 | 是 shì 그렇다

연애세포가 죽어가고 있다고요?
날씨도 좋은데 여행 가고 싶다고요?

나도 그래요

我也是

[Wǒ yě shì]

상대방 마음을 여는 방법 중 하나는 공감이 아닐까 싶어요. '나도 그래요'라는 말은 중국어로 **我也是**。Wǒ yě shì. 라고 합니다. 여기서 꼭 주의할 점! '그렇다'라는 동사 **是** shì 를 빼고 **我也** Wǒ yě 만 말하면 틀린 문장이에요. **也**는 '~도'라는 뜻의 부사이므로 서술어인 **是**가 꼭 필요하거든요.

> **적중훈련**
>
> 🧑 我想回家。 집에 가고 싶어요.
>   Wǒ xiǎng huí jiā.
>
> 👩 **我也是**。 나도 그래요.
>   Wǒ yě shì.

想 xiǎng ~하고 싶다 | 回家 huí jiā 집으로 돌아가다

인터넷에서 사면 더 저렴하겠죠?
견적서가 이번 주에 나온다고 했죠?

아마도요

应该是吧

[Yīnggāi shì ba]

应该 yīnggāi 는 '~해야 한다' 외에 '아마도'라는 추측의 뜻도 있어요. 여기에 '옳다, 그렇다'라는 是 shì 를 쓰면 '아마도 맞겠죠', '아마도 그렇겠죠'라는 말이 됩니다. 상대방의 말에 '100% 확실하지는 않지만 아마도 그럴 것이다'라는 추측의 답변으로 써요. 이때 吧 ba 는 생략해도 됩니다.

적중훈련

她会来吗? 그녀가 올까요?
Tā huì lái ma?

应该是吧。 아마도요
Yīnggāi shì ba.

吧 ba (추측의 어기조사)　│　会 huì ~할 것이다　│　来 lái 오다　│　吗 ma (의문조사)

요즘 장사 어때요?
요즘 성적 어때요?

> 그저 그래요

还行

[Hái xíng]

좋지도 않고 싫지도 않은 어중간할 때 쓰는 '그저 그래요'는 중국어로 어떻게 말할까요? '그럭저럭, 그런대로'라는 还 hái 에 行 xíng 의 '된다, 괜찮다'라는 뜻을 더해서 还行。Hái xíng. 이라고 하면 됩니다. '그런대로 괜찮아요', '그저 그래요'라는 말이죠. 还好。Hái hǎo. 와 还可以。Hái kěyǐ. 도 같은 의미예요.

적중훈련

- 最近生意怎么样? 요즘 장사 어때요?
  Zuìjìn shēngyi zěnmeyàng?

- 还行。 그저 그래요
  Hái xíng.

好 hǎo 좋다 | 可以 kěyǐ 나쁘지 않다 | 最近 zuìjìn 요즘
生意 shēngyi 장사 | 怎么样 zěnmeyàng 어떠하다(의문대사)

통통 튀는 대화를 이어가고 싶을 때
이상하게 그냥 말해 주고 싶지 않을 때

당신이 맞혀 보세요

你猜猜看

[Nǐ cāi cai kàn]

'당신이 맞혀 보세요'는 한국어와 중국어 어순이 같아요. '당신(你 nǐ)+알아맞히다(猜 cāi)+보다(看 kàn)' 순서로 풀어 볼 수 있죠. 이때 猜를 두 번 반복해서 썼는데, 동사를 중첩하면 시도의 의미를 가지게 돼요. 그래서 猜猜 cāi cai 는 '좀 맞혀 보세요' 정도로 해석할 수 있습니다.

적중훈련

你多大了? 나이가 어떻게 돼요?
Nǐ duō dà le?

你猜猜看。 당신이 맞혀 보세요.
Nǐ cāi cai kàn.

多 duō 얼마나 | 大 dà 많다 | 了 le (변화·완료 어기조사)

그녀가 화난 이유를
이 물건을 어떻게 사용해야 하는 건지 잘

모르겠어요

我不知道

[Wǒ bù zhīdào]

我不知道

知道 zhīdào 는 '알다'라는 뜻이에요. 여기에 不 bù 를 붙이니 '알지 못하다, 모른다'는 말이 되네요. 내가 모르는 것이 뭔지 말하려면 我不知道. Wǒ bù zhīdào. 뒤에 이어서 모르는 내용을 말하면 됩니다. 알고 싶은 것이 있을 때는 不만 想 xiǎng 으로 바꿔서 我想知道. Wǒ xiǎng zhīdào. 라고 하면 되고요.

적중훈련

他叫什么名字? 그 남자 이름이 뭐예요?
Tā jiào shénme míngzi?

我不知道。 모르겠어요.
Wǒ bù zhīdào.

不 bù 아니다 | 想 xiǎng ~하고 싶다 | 叫 jiào 부르다 | 什么 shénme 무엇(의문대사) | 名字 míngzi 이름

이 노래 제목이 뭐였더라… 1시간 만에
길을 걷다 보니 전 여자친구와의 추억이

생각났어요

我想起来了

[Wǒ xiǎng qǐlái le]

起来 qǐlái는 동사 뒤에서 해당 동작이 시작됨을 나타내기도 해요. '생각하다'라는 동사 想 xiǎng 이 시작된 거니까 '잊고 있던 생각(or 기억)이 번뜩 떠오르다'라는 의미가 되겠죠? 도무지 생각이 나지 않을 때는 想과 起来 사이에 不 bù 만 넣어서 '생각(or 기억)이 나지 않아요'라고 말하면 됩니다.

적중훈련

- 你想起来了吗? 생각났어요?
  Nǐ xiǎng qǐlái le ma?

- 我想起来了, 我们在中国见过。 생각났어요, 우리 중국에서 만났었어요.
  Wǒ xiǎng qǐlái le, wǒmen zài Zhōngguó jiàn guo.

了 le (변화·완료 어기조사) | 吗 ma (의문조사) | 在 zài ~에서 |
中国 Zhōngguó 중국 | 见 jiàn 만나다 | 过 guo ~한 적이 있다

내가 부탁한 거 가지고 왔어요?
맙소사! 오늘이 결혼기념일인 걸

잊어버렸어요

我忘了

[Wǒ wàng le]

忘 wàng은 한자 亡(망할 망)과 心(마음 심)이 합체한 글자예요. 마음이 달아나 과거의 일을 '잊어버렸을 때'도 쓸 수 있고, 마음이 잠시 죽어 '순간적으로 깜박했을 때'도 쓸 수 있어요. 忘은 우리말의 '잊어버리다'와 '깜박하다'의 역할을 모두 담당하는 거죠.

적중훈련

🧑 密码是多少? 비밀번호가 뭐예요?
　　Mìmǎ shì duōshao?

👩 我忘了。 잊어버렸어요
　　Wǒ wàng le.

密码 mìmǎ 비밀번호 | 是 shì ~이다 | 多少 duōshao 얼마

CHAPTER 04 • 111

잠시만! 내 말 좀 먼저 들어 봐
잠시만! 이 드라마만 보고 리모컨 넘겨줄게

잠시만요

等一下

[Děng yíxià]

'동사+一下'는 '~(동사를 시험 삼아 한번) 해 보다', '좀 ~하다'라는 의미예요. 중국어의 자연스러운 어감을 살릴 수 있는 가장 간단한 패턴입니다. 그래서 '기다리다'라는 동사 等 děng 을 써서 等一下。Děng yíxià. 라고 하면 '좀 기다려 봐요', '잠시만요'라는 말이 되는 거죠.

적중훈련

'동사+一下' 패턴의 다른 표현들도 알아봐요.

- 看一下。 Kàn yíxià. 좀 보세요. / 봐봐요.
- 读一下。 Dú yíxià. 좀 읽어 보세요. / 읽어 봐요.
- 百度一下。 Bǎidù yíxià. 바이두에 검색해 보세요.　　[一下를 붙여 관용적으로 사용함]

看 kàn 보다 | 读 dú 읽다 | 百度 Bǎidù 바이두(중국 최대 검색 포털 사이트)

그래서 언제 도착해요?
주문한 음식 언제 나와요?

금방이요

马上马上
[Mǎshàng mǎshàng]

马上 mǎshàng 은 한자 그대로 직역하면 '말 위'예요. 옛날에는 말이 가장 빠른 교통수단이었고 수장들은 말 위에서 긴박한 일들을 처리했었대요. 그래서 '곧, 금방'이라는 현재의 뜻이 되었다고 합니다. 马上은 한 단어만 말해도 의미가 통하지만 马上马上。Mǎshàng mǎshàng. 처럼 반복함으로써 임박함을 강조할 수도 있어요.

적중훈련

'马上+동사' 패턴의 다른 표현들도 알아봐요.

- 马上到。 Mǎshàng dào. 곧 도착해요.
- 马上开始。 Mǎshàng kāishǐ. 곧 시작해요.
- 马上结束。 Mǎshàng jiéshù. 곧 끝나요.

到 dào 도착하다 | 开始 kāishǐ 시작하다 | 结束 jiéshù 끝나다

하루 7시간은 자야 한다는 당신의 주장에
탕수육은 찍먹보다 부먹이라는 당신의 의견에

나도 동의해요

我也同意

[Wǒ yě tóngyì]

同意 tóngyì 단어를 한번 풀어 볼까요? 한자 同(같을 동)과 意(뜻 의)가 쓰였네요. 한자 발음 그대로 '동의하다'라는 뜻입니다. 상대방의 말에 수긍할 때 사용하는 단어죠. '나도 동의해요'라고 말하고 싶다면 同意 앞에 '~도, 역시'라는 뜻의 也 yě 를 붙여 쓰면 됩니다.

적중훈련

상대방의 말에 격하게 동의하는 다른 호응 표현들도 알아봐요.

- 那当然。 Nà dāngrán. 그야 당연하죠.
- 你说得对。 Nǐ shuō de duì. 당신 말이 맞아요.

| 那 nà 그(것) | 当然 dāngrán 당연하다 | 说 shuō 말하다 | 得 de ~정도가 | 对 duì 맞다 |

선생님, 시험 범위가 어디서부터 어디까지라고요?
택시 기사님, 말씀이 너무 빨라서 이해를 못했어요

다시 한 번 말해 주세요
请再说一遍
[Qǐng zài shuō yí biàn]

중국어를 배우는 우리가 꼭 알아 두어야 할 말이라고 생각해요. 중국인이 하는 말을 제대로 듣지 못했거나 이해하지 못했을 때는 당황하지 말고 다시 한 번 말해 달라고 공손히 요청해 보세요. 관용어처럼 문장을 통째로 외워 두는 것도 좋겠네요.

적중훈련

请再说一遍。 다시 한 번 말해 주세요.
Qǐng zài shuō yí biàn.

那我慢慢说。 그럼 제가 천천히 말할게요.
Nà wǒ màn man shuō.

请 qǐng 청하다 | 再 zài 다시 | 说 shuō 말하다 | 一遍 yí biàn 한 번 | 那 nà 그러면 | 慢 màn 천천히 하다

떼쓰는 딸에게 한 번만 더 하면 혼난다고 으름장을 놓으며
수없이 사과했는데 계속 같은 얘기를 꺼내는 여자친구에게

그만해요

够了

[Gòu le]

'넉넉하다, 충분하다'라는 뜻의 够 gòu 뒤에 어기를 조절하는 了 le 가 더해진 말이에요. 본래는 够 gòu 의 단어 뜻 그대로 '(양이) 충분해요'라는 말이지만 상황에 따라 미간에 힘을 빡! 주고 날카롭게 말하면 '(지긋지긋하니) 그만해요'라는 의미로도 쓸 수 있어요.

적중훈련

🙍 我(真)讨厌你！ 너가 (진짜로) 미워!
　 Wǒ (zhēn) tǎoyàn nǐ !

🙎 又来了, 够了！ 또 시작이다, 그만해!
　 Yòu lái le, gòu le!

了 le (변화·완료 어기조사) | 真 zhēn 진짜로 | 讨厌 tǎoyàn 미워하다 | 又 yòu 또 | 来 lái 발생하다

얘기가 길어질 것 같네요
지금은 의견이 좁아지지 않네요

다음에 다시 얘기해요

下次再说吧

[Xià cì zài shuō ba]

사람들이 중국어의 어순은 영어와 똑같다고 하는데 사실 우리말과 닮은 점이 더 많아요. 이 문장만 봐도 알 수 있어요. '다음(下 xià)+번(次 cì)+다시(再 zài)+말하다(说 shuō)+~하자(吧 ba)', 우리말과 완전 똑같은 어순이죠? 짧게 下次吧。Xià cì ba. 라고 하면 '다음에 하죠'가 돼요.

적중훈련

下次…吧 패턴을 사용해서 다음을 기약해 봐요.

- 下次一起去吧。 Xià cì yìqǐ qù ba. 다음에 같이 가요.
- 下次一起看吧。 Xià cì yìqǐ kàn ba. 다음에 같이 봐요.
- 下次一起吃吧。 Xià cì yìqǐ chī ba. 다음에 같이 먹어요.

吧 ba (청유·명령 어기조사) | 一起 yìqǐ 같이 | 去 qù 가다 | 看 kàn 보다 | 吃 chī 먹다

연습문제

빈칸에 알맞은 중국어를 넣어 말해 보세요.

01 그래요?   _____吗?

02 맞죠?   对_____?

03 왜요?   _____什么?

04 어떻게 된 거예요?   _____了?

05 오케이.   好_____。

06 문제 없어요.   _____问题。

07 당신 생각은요?   你_____呢?

08 나도 그래요.   我_____是。

09 아마도요.   _____是吧。

10 그저 그래요.   还_____。

정답 01. 是吗 Shì ma   02. 对不对 Duì bu duì   03. 为什么 Wèishénme   04. 怎么了 Zěnme le   05. 好的 Hǎo de   06. 没问题 Méi wèntí   07. 你觉得呢 Nǐ juéde ne   08. 我也是 Wǒ yě shì   09. 应该是吧 Yīnggāi shì ba   10. 还行 Hái xíng

11	당신이 맞춰 보세요.	你猜____看。
12	모르겠어요.	我不____。
13	생각났어요.	我想____了。
14	잊어버렸어요.	我____了。
15	잠시만요.	等____。
16	금방이요.	马上____。
17	나도 동의해요.	我____同意。
18	다시 한 번 말해 주세요.	请____一遍。
19	그만해요.	____了。
20	다음에 다시 얘기해요.	____再说吧。

정답 11. 你猜猜看 Nǐ cāi cai kàn 12. 我不知道 Wǒ bù zhīdào 13. 我想起来了 Wǒ xiǎng qǐlái le
14. 我忘了 Wǒ wàng le 15. 等一下 Děng yíxià 16. 马上马上 Mǎshàng mǎshàng 17. 我也
同意 Wǒ yě tóngyì 18. 请再说一遍 Qǐng zài shuō yí biàn 19. 够了 Gòu le 20. 下次再说吧
Xià cì zài shuō ba

☑ 이번 장에서는
무엇을 배울까요?

亲爱的～ 我想你。

자기야～ 보고 싶어.

CHAPTER 05

연애와 결혼

행복하게 연애해서 결혼해요

저는 여자친구가 없는데 그쪽은
제 친구가 소개해 달라고 난리인데 혹시

남자친구 있어요?

你有男朋友吗?

[Nǐ yǒu nán péngyou ma?]

你有男朋友吗?

마음에 드는 이성에게 사귀는 사람이 있는지 먼저 물어보는 게 예의겠죠? 이성으로서 교제하는 친구는 **男朋友** nán péngyou (남자친구), **女朋友** nǚ péngyou (여자친구)라고 해요. 그리고 just 친구인 이성 친구는 **性** xìng만 추가해서, **男性朋友** nánxìng péngyou (남사친), **女性朋友** nǚxìng péngyou (여사친)라고 한답니다.

적중훈련

이성 친구가 '있다' 또는 '없다'라는 대답도 알아봐요.

- 我有男朋友。 Wǒ yǒu nán péngyou. 나는 남자친구가 있어요.
- 我没(有)男朋友。 Wǒ méi(yǒu) nán péngyou. 나는 남자친구가 없어요.

有 yǒu 있다 | 吗 ma (의문조사) | 性 xìng 성별 | 没(有) méi(yǒu) 없다

왼쪽 약지에 낀 반지를 보고
최강 동안 대리님에게 달려오는 아이를 보고 놀라서 하는 말

결혼하셨어요?

你结婚了吗?

[Nǐ jiéhūn le ma?]

结婚 jiéhūn은 한자를 그대로 읽어도 '결혼', 중국어 뜻도 '결혼하다'예요. 결혼하는 중국인 친구에게 축의금은 얼마가 적당할까요? 200위안이 일반적이라고 합니다. 그리고 결혼 같은 경사에는 '붉은 종이 봉투'인 **红包** hóng bāo 에 돈을 넣어서 주는 풍습이 있어요.

적중훈련

你结婚了吗? 질문에 대한 대답도 알아봐요.

- 我结婚了。 Wǒ jiéhūn le. 나는 결혼했어요.
- 我还没(有)结婚。 Wǒ hái méi(yǒu) jiéhūn. 나는 아직 결혼하지 않았어요.

* 동작이 발생하지 않았을 때는 了를 붙이지 않습니다.

了 le (변화·완료 어기조사) | 还 hái 아직 | 没(有) méi(yǒu) ~않다

사랑스러운 내 반쪽을 부를 때
편지글 첫머리의 받는 사람에게

> 자기야

亲爱的~

[Qīn'ài de]

사랑하는 남녀가 서로를 부르는 호칭인 **亲爱的** qīn'ài de, 혹은 더 애교 있게 '애기야' 의미로 **宝贝** bǎobèi 라고도 불러요. 결혼 여부와 상관없이 쓸 수 있는 말입니다. 또 편지글의 첫머리에도 **亲爱的**를 쓰는데요, '**亲爱的**+받는 사람'은 '친애하는 ○○에게'라는 의미예요.

적중훈련

공식적인 장소에서 배우자나 이성 친구를 소개할 때는 어떤 호칭을 사용할까요?

- **妻子** qīzi 아내 / **丈夫** zhàngfu 남편 / **爱人** àiren 배우자   [기혼인 관계]
- **男朋友** nán péngyou 남자친구 / **女朋友** nǚ péngyou 여자친구   [미혼인 관계]
- **情人** qíngrén 애인   [미혼인 관계]

亲爱 qīn'ài 친애하다 | **宝贝** bǎobèi 귀염둥이

방금 헤어졌는데 또 보고 싶을 때
멀리 떨어져 있는 부모님이 보고 싶을 때

보고 싶어

我想你

[Wǒ xiǎng nǐ]

'보고 싶어하다, 그리워하다'라는 뜻의 想 xiǎng만 알면 중국어로 '보고 싶다'는 메시지를 전할 수 있어요. 비슷한 발음 때문에 채팅이나 SNS에서는 我想你。Wǒ xiǎng nǐ.를 숫자 530 wǔ sān líng으로 바꿔 쓰기도 합니다. wǒ xiǎng nǐ와 wǔ sān líng, 비슷하게 들리나요?

적중훈련

想을 사용한 다른 표현들도 알아봐요.

- 你想我了吗? Nǐ xiǎng wǒ le ma? 나 보고 싶었어요?
- 我想你了。 Wǒ xiǎng nǐ le. 보고 싶었어요.
- 我想死你了。 Wǒ xiǎng sǐ nǐ le. 보고 싶어 죽겠어요.

了 le (변화·완료 어기조사) | 吗 ma (의문조사) | 死 sǐ 죽다

썸에서 연인으로 가는 길
사랑한다는 말이 아직 부담스럽다면

난 네가 좋아

我喜欢你

[Wǒ xǐhuan nǐ]

'사랑해요'라는 我爱你。Wǒ ài nǐ.보다 귀엽고 풋풋한 말이에요. 한자 喜(기쁠 희)와 欢(기쁠 환)이 만나 기쁨이 두 배가 되었으니 당연히 좋겠죠? 그래서 喜欢 xǐhuan은 '좋아하다'라는 뜻이에요. 행동이나 상태를 좋아한다고 할 때도 쓸 수 있답니다.

적중훈련

喜欢을 사용해서 자신이 좋아하는 것들을 말해 봐요.

- 我喜欢看书。 Wǒ xǐhuan kàn shū. 나는 독서를 좋아해요.
- 我喜欢红色。 Wǒ xǐhuan hóngsè. 나는 빨간색을 좋아해요.
- 我不喜欢你。 Wǒ bù xǐhuan nǐ. 나는 당신을 좋아하지 않아요.

爱 ài 사랑하다 | 看书 kàn shū 독서하다 | 红色 hóngsè 빨간색 | 不 bù 아니다

상대방과 손발이 잘 맞을 때
개떡같이 말해도 찰떡같이 알아들을 때

우린 잘 맞아

我们合得来

[Wǒmen hé delái]

合得来 hé delái 는 '마음(or 손발)이 맞다, 잘 어울리다'라는 뜻이에요. 合 hé 와 来 lái 사이에 가능은 得 de 를, 불가능은 不 bu ^{이때 주는 경성}를 쓰면 됩니다. 그렇다면 '마음(or 손발)이 맞지 않다'는 合不来 hé bulái 가 되겠죠? 관용구처럼 문장 전체를 외워 두면 편해요.

적중훈련

得来와 不来를 사용한 다른 표현들도 알아봐요.

- 吃得来 chī delái 먹을 수 있다 ↔ 吃不来 chī bulái 먹을 수 없다
- 谈得来 tán delái 말이 통하다 ↔ 谈不来 tán bulái 말이 통하지 않다
- 回得来 huí delái 돌아올 수 있다 ↔ 回不来 huí bulái 돌아올 수 없다

合 hé 어울리다 | 吃 chī 먹다 | 谈 tán 말하다 | 回 huí 돌아오다

우리 부모님 여행 가셨어
오늘 밤은 혼자 있기 무서워

라면 먹고 갈래요?

要进来喝杯茶吗?

[Yào jìnlai hē bēi chá ma?]

중국 영화 〈미인어〉에서 남자주인공이 여자주인공을 집 앞에 데려다 주자 여자주인공이 **要进来喝杯茶吗?** Yào jìnlai hē bēi chá ma?라고 말합니다. 직역하면 '들어와서 차 한 잔 할래요?'인데 우리나라에서 유행하는 '라면 먹고 갈래요?'와 같은 의미예요. 이 말의 진짜 의미는 모두 아시죠?

적중훈련

🧑 时间不早了, 我该走了。 시간이 너무 늦었네, 이제 가야겠네.
　　Shíjiān bù zǎo le, wǒ gāi zǒu le.

👩 要进来喝杯茶吗? 라면 먹고 갈래요?
　　Yào jìnlai hē bēi chá ma?

要 yào 원하다 | 进来 jìnlai 들어오다 | 喝 hē 마시다 | 杯 bēi 잔, 컵 | 茶 chá 차 | 吗 ma (의문조사)
时间 shíjiān 시간 | 不 bù 아니다 | 早 zǎo 이르다 | 该…了 gāi…le 마땅히 ~해야 한다 | 走 zǒu 가다

헷갈리지만 설레기도 한 사이
요즘따라 내꺼인 듯 내꺼 아닌 내꺼 같은 너

> 우리 썸타는 관계예요

我们是暧昧关系

[Wǒmen shì àimèi guānxi]

暧昧 àimèi 는 '애매하다', 关系 guānxi 는 '관계'라는 뜻이에요. 그래서 暧昧关系 àimèi guānxi 는 이성 간의 '애매한 관계', 바로 '썸타는 관계'를 의미해요. 暧昧 앞에 玩 wán 이나 搞 gǎo 를 붙여서 '썸타다'라는 동사적 표현으로 쓰기도 합니다.

적중훈련

생각만 해도 설레는 썸 관련 다른 표현들도 알아봐요.

- 我跟他玩暧昧。　Wǒ gēn tā wán àimèi. 나 그 남자와 썸타요.
- 他是我的暧昧男。　Tā shì wǒ de àimèi nán. 그는 내 썸남이에요.

　* 暧昧女　àimèi nǚ 썸녀

是 shì ~이다 | 玩 wán 놀다 | 搞 gǎo ~하다 | 跟 gēn ~와 | 的 de ~의 것

나 너 많이 좋아해
너도 나와 같은 마음인 거 알아

우리 사귀자

我们交往吧

[Wǒmen jiāowǎng ba]

我们交往吧

용기를 가지고 我们交往吧. Wǒmen jiāowǎng ba. 라고 멋지게 고백해 보세요. 사귀는 당사자인 '우리'는 我们 wǒmen, '교제하다'는 交往 jiāowǎng, '～하자'는 吧 ba, 순서대로 합체하면 끝! 상대방의 고백이 불편할 때는 어떻게 대답하면 좋을까요? 아래 대화문에서 확인해 봐요.

적중훈련

🧑 我们交往吧。 우리 사귀자.
　　Wǒmen jiāowǎng ba.

👩 对不起, 我们做朋友吧。 미안해, 우리 그냥 친구로 지내자.
　　Duìbuqǐ, wǒmen zuò péngyou ba.

吧 ba (청유·명령 어기조사) | 对不起 duìbuqǐ 미안하다 | 做 zuò (어떤 관계가) 되다 | 朋友 péngyou 친구

네가 좋아하는 미역국을 매일 해 줄게
아침에 눈 뜨면 제일 먼저 널 보고 싶어

> 우리 결혼하자

我们结婚吧
[Wǒmen jiéhūn ba]

结婚 jiéhūn 은 '결혼하다'라는 뜻이라고 배웠죠? '우리 사귀자'라는 我们交往 吧。Wǒmen jiāowǎng ba.의 交往 jiāowǎng 만 结婚으로 바꿔 주세요. 여자라면 한 번쯤 듣고 싶어 하는 달콤한 청혼의 말이 됩니다.

적중훈련

두근두근 청혼 관련 다른 표현들도 알아봐요.

- 我养你。 Wǒ yǎng nǐ. 내가 당신 먹여 살릴게요.
- 你嫁给我吧。 Nǐ jià gěi wǒ ba. 당신 나한테 시집와요.
- 我要嫁给你。 Wǒ yào jià gěi nǐ. 나 당신한테 시집갈래요.

养 yǎng 부양하다 | 嫁 jià 시집가다 | 给 gěi ~에게 | 要 yào 원하다

품에 쏙 안기고 싶어요
헤어지기 싫어요, 가기 전에

안아 줘

给我抱一个
[Gěi wǒ bào yí ge]

'나에게'라는 给我 gěi wǒ 뒤에 '포옹하다'라는 동사 抱 bào 가 있네요. 동사의 동작을 해 달라고 요청하는 문장이에요. 문장 끝에 一个 yí ge 가 있으니 '한 번만 안아 줘'라고 해석해도 좋을 것 같아요.

적중훈련

给我는 보통 '给+我+동사+목적어' 패턴으로 자주 사용해요. 예문으로 배워 볼까요?

- 给我买礼物。 Gěi wǒ mǎi lǐwù. (나에게) 선물 사 주세요.
- 给我打电话。 Gěi wǒ dǎ diànhuà. (나에게) 전화해 주세요.

一个 yí ge 한 개 | 买 mǎi 사다 | 礼物 lǐwù 선물 | 打 dǎ (전화를) 걸다 | 电话 diànhuà 전화

영상 통화를 하면서 남자친구에게
출근하는 아빠를 마중 나온 딸에게

> 뽀뽀해 줘

给我亲一个

[Gěi wǒ qīn yí ge]

亲 qīn은 '입 맞추다'라는 뜻의 사랑스러운 단어예요. 중국인들은 관용적으로 一个 yí ge를 동사 다음에 붙여 쓰는 경우가 많아요. 그러고 보니 '뽀뽀나 한번 할까?' 라는 우리말도 있네요. 一个 yí ge라고 했다고 정말 한 번만 하면 안 돼요!

적중훈련

'뽀뽀'와 관련된 애교 넘치는 다른 표현들도 알아봐요.

- 亲亲我吧。 Qīn qīn wǒ ba. 뽀뽀해 줘.
- 么么哒。 Mēmē dā. 뽀뽀 쪽. 　　[애정 표현 '쪽쪽' 같은 의성어]

给 gěi ~에게 ｜ 吧 ba (청유·명령 어기조사) ｜ 哒 dā (의성어)

낳아 주고 길러 주신 부모님께
사랑하는 사람에게 수백 번 들어도 질리지 않는 말

사랑해

我爱你

[Wǒ ài nǐ]

'사랑해'의 중국어 버전인 '워 아이 니', 많이 들어 보셨죠? 중국에서는 **我爱你**。Wǒ ài nǐ.를 채팅이나 SNS에서 발음이 유사한 숫자 520wǔ èr líng으로 바꿔 쓰기도 해요. 그래서 5월 20일은 중국의 '고백 Day'가 되어 많은 솔로들을 울리고 있답니다.

적중훈련

달달한 사랑 표현들을 더 알아볼까요?

- 我永远爱你。　Wǒ yǒngyuǎn ài nǐ. 영원히 사랑해요.
- 我爱你一辈子。　Wǒ ài nǐ yíbèizi. 평생 사랑해요.
- 我们永远在一起。　Wǒmen yǒngyuǎn zài yìqǐ. 우리 영원히 함께해요.

爱 ài 사랑하다　永远 yǒngyuǎn 영원히　一辈子 yíbèizi 한평생　在 zài ~에 있다　一起 yìqǐ 함께

사랑에 빠진 친구의 SNS를 보니
"네가 제일 예뻐"라는 남자친구의 말이 좋지만 사실은

> 정말 오글거려

好肉麻呀
[Hǎo ròumá ya]

肉麻 ròumá 는 '낯간지럽다, 메스껍다'라는 뜻이에요. 한자 肉(고기 육)과 麻(저릴 마)가 합쳐져서 '(손발이 다 저리게) 오글거리다'라고 외워 두면 쉽겠죠? 呀 ya 는 화자의 어감을 살려 주는 어기조사예요. 감정을 실어서 어투를 부드럽게 하는 어기조사로는 啊 a, 哦 o, 耶 ye 등이 더 있답니다.

적중훈련

부러우면 지는 거지만 부러울 때는 이렇게도 표현할 수 있어요.

- (真的)很羡慕。 (Zhēn de) hěn xiànmù. (진짜) 부럽네요.
- (真的)好甜蜜。 (Zhēn de) hǎo tiánmì. (진짜) 꿀 떨어지네요.

| 好 hǎo 정말 | 真的 zhēn de 진짜('사실'임을 밝히는 어감) |
| 很 hěn (의미를 부여하지 않고 습관적으로 사용) | 羡慕 xiànmù 부러워하다 | 甜蜜 tiánmì 달콤하다 |

나를 보는 눈빛이 예전과 다를 때
맛있는 걸 먹어도 좋은 곳을 가도 시큰둥할 때

사랑이 식었어

感情变淡了

[Gǎnqíng biàn dàn le]

感情变淡了

'감정(**感情** gǎnqíng)+변하다(**变** biàn)+냉담하다(**淡** dàn)'라고 문장의 단어 뜻만 풀어 봐도 무슨 말인지 알겠죠? 이런 말이 중국에도 있는 걸 보면 사랑에 유효기간이 있다는 게 사실인가 봐요. 한자 火(불 화) 두 개가 氵(水, 물 수)를 만나니 사랑이 담하게 식었나 봐요.

적중훈련

我跟你在一起不开心。 너와 같이 있는데 즐겁지 않아.
Wǒ gēn nǐ zài yìqǐ bù kāixīn.

感情变淡了。 사랑이 식었어.
Gǎnqíng biàn dàn le.

了 le (변화·완료 어기조사) | 跟 gēn ~와 | 在 zài ~에 있다 |
一起 yìqǐ 같이 | 不 bù 아니다 | 开心 kāixīn 즐겁다

내 애인을 소개해 줬더니 친구가 놀라면서 하는 말
드라마에서 두 여자를 만나는 남자주인공을 보면서

그 남자 양다리예요

他劈腿了

[Tā pī tuǐ le]

劈腿 pī tuǐ 는 본래 스포츠 용어로 '내려 차기, 다리 찢기'라는 뜻이지만 요즘에는 '양다리를 걸치다, 바람을 피우다'라는 신조어로 등극했어요. 劈 pī 는 '갈라지다, 벌리다', 腿 tuǐ 는 '다리'라는 뜻이니까 문어발처럼 한쪽은 나에게, 다른 한쪽은 다른 사람에게 걸친 모양이 상상되나요?

적중훈련

누군가의 연애사는 항상 재미있죠? 다른 표현들도 알아봐요.

- 他有别人了。 Tā yǒu biérén le. 그 남자 다른 사람 생겼대요. [남녀 모두 사용]
- 他出轨了。 Tā chū guǐ le. 그 남자 바람났어요. [남녀 모두 사용]
- 他是花花公子。 Tā shì huāhuā gōngzi. 그 남자 바람둥이에요. [남자한테만 사용]

有 yǒu 있다 | 别人 biérén 다른 사람 | 出轨 chū guǐ 외도하다 |
是 shì ~이다 | 花花公子 huāhuā gōngzi 바람둥이

나 다른 사람 생겼어
이제 더 이상 너를 사랑하지 않아

우리 헤어져

我们分手吧

[Wǒmen fēnshǒu ba]

중국어에서 分手 fēnshǒu 만큼 명확한 의미의 단어가 또 있을까요? 한자 分(나눌 분)과 手(손 수)로 나눠 보니 굳게 잡았던 '손을 놓다', 즉 '이별하다'라는 뜻이네요. 방금까지 웃던 그녀가 갑자기 꺼낸 말 我们分手吧。Wǒmen fēnshǒu ba. 헤어지자는 말은 아끼고 아끼는 게 좋다고 해요.

적중훈련

가슴 아프지만 헤어짐을 말하는 다른 표현들도 알아봐요.

- 我们离婚吧。 Wǒmen líhūn ba. 우리 이혼해요.
- 我们结束了。 Wǒmen jiéshù le. 우리는 끝났어요.
- 我们不适合。 Wǒmen bú shìhé. 우리는 안 어울려요.

吧 ba (청유·명령 어기조사) | 离婚 líhūn 이혼하다 | 结束 jiéshù 끝나다 |
了 le (변화·완료 어기조사) | 不 bù 아니다 | 适合 shìhé 어울리다

우리 평생을 약속했었잖아
널 보내고 싶지 않아, 내 옆에 있어 줘

날 떠나지 마

别离开我

[Bié líkāi wǒ]

'离开+사람/장소'는 '~(사람/장소)로부터 떠나다'라는 의미예요. 그래서 **离开我** líkāi wǒ는 '나를 떠나다'라는 말인데, 맨 앞에 '~하지 마라'는 **别** bié 가 있네요. 사랑하는 사람을 놓치지 않기 위해서는 꼭 알아 두어야 할 말인 것 같아요.

적중훈련

> 我不爱你了，我们分手吧。 널 사랑하지 않아, 우리 헤어져.
> Wǒ bú ài nǐ le, wǒmen fēnshǒu ba.

> **别离开我。** 날 떠나지 마.
> Bié líkāi wǒ.

离开 líkāi 떠나다 | 爱 ài 사랑하다

그 사람 없이 나 이제 어떻게 살아
사랑한다고 속삭이던 그 사람한테

나 차였어요

我被甩了

[Wǒ bèi shuǎi le]

甩 shuǎi는 한자 用(쓸 용)과 참 많이 닮았죠? '던질 솔'이에요. 바로 '(사귀던 상대방을) 차다'라는 뜻입니다. 왠지 실컷 쓰고 던지는 것 같아 더 슬프네요. 被 bèi는 '~에게 ~을 당하다'라는 피동 표현이에요. 그래서 我被甩了. Wǒ bèi shuǎi le. 라고 하면 내가 차인 것이죠.

적중훈련

甩는 '被피동문'을 익히기 좋은 단어예요. 예문으로 능동과 피동 표현을 비교해 봐요.

- 我甩他了。 Wǒ shuǎi tā le. 내가 그 남자를 찼어요. [능동 / 他 생략 불가능]
- 我被(他)甩了。 Wǒ bèi (tā) shuǎi le. 나 (그 남자한테) 차였어요. [피동 / 他 생략 가능]

了 le (변화·완료 어기조사)

반갑습니다, 솔로 동지들
혼자 사는 게 제일 편하죠

> 나는 솔로예요

我是单身
[Wǒ shì dānshēn]

我是单身

单身 dānshēn은 '혈혈단신'할 때 그 '단신'이에요. '솔로, 싱글'이라는 뜻이죠. 'A+是+B' 패턴의 是 shì 는 '~이다'라는 뜻으로 'A=B' 공식의 표현입니다. '나(我 wǒ)=솔로(单身 dānshēn)'가 되는 것이죠. 중국에서는 11월 11일을 光棍节 Guānggùn jié 라고 부르는데, 혼자인 숫자 1이 4개나 있어서 솔로의 날이라고 해요.

적중훈련

'A+是+B' 패턴의 다른 표현들도 알아봐요.

- 我是学生。 Wǒ shì xuésheng. 저는 학생이에요.
- 他是上班族。 Tā shì shàngbān zú. 그는 직장인이에요.
- 我们是朋友。 Wǒmen shì péngyou. 우리는 친구예요.

光棍 guānggùn 솔로 | 节 jié 기념일 | 学生 xuésheng 학생 | 上班族 shàngbān zú 직장인 | 朋友 péngyou 친구

연습문제

빈칸에 알맞은 중국어를 넣어 말해 보세요.

01 남자친구 있어요?　　你____男朋友____?

02 결혼하셨어요?　　你_____了吗?

03 자기야.　　_____的~

04 보고 싶어.　　我____你。

05 난 네가 좋아.　　我____你。

06 우린 잘 맞아.　　我们____得____。

07 라면 먹고 갈래요?　　____进来____杯____吗?

08 우리 썸타는 관계예요.　　我们是_____关系。

09 우리 사귀자.　　我们_____吧。

10 우리 결혼하자.　　_____结婚____。

정답 01. 你**有**男朋友**吗** Nǐ yǒu nán péngyou ma　02. 你**结婚**了吗 Nǐ jiéhūn le ma　03. **亲爱**的 Qīn'ài de　04. 我**想**你 Wǒ xiǎng nǐ　05. 我**喜欢**你 Wǒ xǐhuan nǐ　06. 我们**合**得**来** Wǒmen hé delái　07. **要**进来**喝**杯**茶**吗 Yào jìnlai hē bēi chá ma　08. 我们是**暧昧**关系 Wǒmen shì àimèi guānxi　09. 我们**交往**吧 Wǒmen jiāowǎng ba　10. **我们**结婚**吧** Wǒmen jiéhūn ba

说一说

11	안아 줘.	___ 我 ___ 一个。
12	뽀뽀해 줘.	给 ___ 亲 ___ 。
13	사랑해.	我 ___ 你。
14	정말 오글거려.	好 ___ 呀。
15	사랑이 식었어.	感情 ___ 了。
16	그 남자 양다리예요.	他 ___ 了。
17	우리 헤어져.	我们 ___ 吧。
18	날 떠나지 마.	别 ___ 我。
19	나 차였어요.	我 ___ 甩了。
20	나는 솔로예요.	我是 ___ 。

정답 11. 给我抱一个 Gěi wǒ bào yí ge 12. 给我亲一个 Gěi wǒ qīn yí ge 13. 我爱你 Wǒ ài nǐ 14. 好肉麻呀 Hǎo ròumá ya 15. 感情变淡了 Gǎnqíng biàn dàn le 16. 他劈腿了 Tā pī tuǐ le 17. 我们分手吧 Wǒmen fēnshǒu ba 18. 别离开我 Bié líkāi wǒ 19. 我被甩了 Wǒ bèi shuǎi le 20. 我是单身 Wǒ shì dānshēn

☑ 이번 장에서는
무엇을 배울까요?

他是暖男。

그는 훈남이에요.

06
CHAPTER

외모와 성격

센스있게 외모와 성격을 표현해요

TV 속 아이돌 걸그룹 보면서
너네 누나 맞아? 너랑 많이 다르게

예쁘네요

长得很漂亮

[Zhǎng de hěn piàoliang]

长得 zhǎng de 는 우리말로 '생긴 게, 생김새가'라고 해석할 수 있어요. 여기에 '예쁘다'라는 漂亮 piàoliang 을 더하면 '(생긴 게) 예쁘네요'라는 칭찬의 말이 됩니다. 축구 경기의 멋진 골, 골프에서 사장님의 나이스 샷에도 漂亮을 외친답니다.

적중훈련

예쁘다는 칭찬은 언제 들어도 기분이 좋죠? 유사 표현들도 알아봐요. 얼굴의 생김새 말고 전체적인 외형이나 사물을 묘사할 때는 长得를 빼고 말하면 됩니다.

- 长得很美。 Zhǎng de hěn měi. 예쁘네요. / 아름답네요.
- 长得很好看。 Zhǎng de hěn hǎo kàn. 예쁘네요. / 보기 좋네요.

很 hěn (의미를 부여하지 않고 습관적으로 사용) | 美 měi 아름답다 | 好看 hǎo kàn 보기 좋다

누구 아들인지 고놈 참
결혼한 유부남이라지만 여전히 송중기는

> 잘생겼네요

长得很帅

[Zhǎng de hěn shuài]

남자의 외모를 묘사하는 말도 배워 봐요. 帅shuài는 한자 刀(刂, 칼 도)와 巾(수건 건)이 만나 탄생한 글자예요. 손에 긴 칼을 들고 머리에 수건을 두른 장수가 떠오르는 단어죠. '잘생기다, 멋지다'라는 뜻으로, 보통 남성다운 매력이나 외모를 묘사할 때 帅shuài를 씁니다.

적중훈련

멋지다는 칭찬은 언제 들어도 기분이 좋죠? 유사 표현들도 알아봐요. 얼굴의 생김새 말고 전체적인 외형이나 사물을 묘사할 때는 长得를 빼고 말하면 됩니다.

- 长得很酷。 Zhǎng de hěn kù. 잘생겼네요. / 멋지네요.
- 长得很英俊。 Zhǎng de hěn yīngjùn. 잘생겼네요. / 인물이 좋네요.

酷 kù 멋지다(Cool. 발음 차용) | 英俊 yīngjùn 영준하다

고개를 갸우뚱하는 강아지를 보고
첫 데이트에서 긴장한 남자친구를 보고

진짜 귀여워요

真可爱

[Zhēn kě'ài]

우리나라의 '귀여워', 중국의 **可爱** kě'ài [커아이], 일본의 かわいい[카와이], 영어의 cute[큐트]까지. '귀엽다'라는 단어는 소리가 모두 비슷한가 봐요. 묘사하는 대상이 진짜, 아주 귀엽다면 **真** zhēn을 붙여서 칭찬해 보세요.

적중훈련

可爱처럼 귀여운 표현들을 더 알아볼까요?

- 可爱死了.　Kě'ài sǐ le. 귀여워 죽겠어요.
- 可爱炸了.　Kě'ài zhà le. 귀여움 터지네요.
- 萌萌哒.　Méngméng dā. 귀요미

真 zhēn 진짜로 ｜ …死了 …sǐ le ~해 죽겠다 ｜ 炸 zhà 터지다
了 le (변화·완료 어기조사) ｜ 萌 méng 귀엽다 ｜ 哒 dā (의성어)

당신은 인상을 쓰면
당신이 쓴 글씨가 너무

못생겼어요

很难看

[Hěn nán kàn]

'어렵다'라는 难 nán과 '보다'라는 看 kàn이 만나서 '못생겼다, 보기 싫다'라는 의미의 难看 nán kàn이 되었어요. 사람의 외모나 표정 등을 묘사할 때도 쓰지만 아름답지 않은 모든 사물에 두루두루 사용할 수 있는 말입니다.

적중훈련

难看의 유사 표현들도 알아봐요. 얼굴의 생김새 말고 전체적인 외형이나 사물을 묘사할 때는 长得를 빼고 말하면 됩니다.

- 长得不好看。 Zhǎng de bù hǎo kàn. 못생겼어요.
- 长得很丑。 Zhǎng de hěn chǒu. 오크예요.
- 长得很一般。 Zhǎng de hěn yìbān. 생긴 게 보통이에요.

很 hěn (의미를 부여하지 않고 습관적으로 사용) | 长得 zhǎng de 생긴 게 |
不 bù 아니다 | 好看 hǎo kàn 보기 좋다 | 丑 chǒu 추하다 | 一般 yìbān 보통이다

고객님, 이 헤어 스타일로 바꾸니
대학생 아들을 둔 어머니 맞아요?

> 어려 보여요

显得年轻
[Xiǎn de niánqīng]

显得年轻

'실상은 모르지만 보기에는 달라 보인다'라는 긴 문장의 의미를 중국어 한 단어로 나타낼 수 있어요. 바로 '~하게 보이다'라는 **显得** xiǎn de 입니다. 그래서 '젊다'라는 형용사 **年轻** niánqīng 과 함께 쓰면 '어려 보여요'라는 말이 되는 거죠. **显得**는 **得** de 를 생략하고 **显** xiǎn 단독으로도 쓸 수 있어요.

적중훈련

'显(得) + 형용사' 패턴의 다른 표현들도 알아봐요.

- 显(得)老。 Xiǎn (de) lǎo. 늙어 보여요.
- 显(得)聪明。 Xiǎn (de) cōngming. 똑똑해 보여요.
- 显(得)满意。 Xiǎn (de) mǎnyì. 만족스러워 보여요.

老 lǎo 늙다 | 聪明 cōngming 총명하다 | 满意 mǎnyì 만족하다

역시 연예인 피부는 달라
촉촉하고 탱탱하고 하얗고

피부가 좋네요

皮肤很美

[Pífū hěn měi]

皮肤 pífū 의 중국어 발음, 왠지 익숙하죠? 우리말과 발음도 유사하고 뜻도 똑같은 '피부'예요. 중국 사람들은 피부를 묘사할 때 '아름답다'라는 美 měi 를 쓴답니다. 그래서 皮肤很美。Pífū hěn měi. 를 우리말로 자연스럽게 바꿔서 '피부가 좋네요'라고 할 수 있어요.

적중훈련

다양한 피부 묘사 표현들을 모아 봤어요.

- 皮肤很滋润。 Pífū hěn zīrùn. 피부가 촉촉하네요.
- 皮肤有弹性。 Pífū yǒu tánxìng. 피부가 탱탱하네요.
- 皮肤有点黑。 Pífū yǒu diǎn hēi. 피부가 좀 까매요.

很 hěn (의미를 부여하지 않고 습관적으로 사용) | 滋润 zīrùn 촉촉하다 |
有 yǒu 있다 | 弹性 tánxìng 탄성 | 有点 yǒu diǎn 조금 | 黑 hēi 검다

거울로 내 모습을 볼 때마다 드는 생각
좋아하는 연예인 화보를 보다가 놀라며

후덕해졌네요

发福了

[Fā fú le]

'후덕하다'는 본래 '덕(德)이 후하다'라는 좋은 뜻이에요. 후덕함의 상징인 부처님을 보면 보기 좋게 통통하시죠? 그래서 '후덕하다'가 '살찌다'라는 뜻이 된 게 아닐까 싶어요. '발생하다'라는 发 fā 와 '복, 덕'을 뜻하는 福 fú 가 합쳐져서 본래 '신수가 훤하다'라는 인사로 쓰였지만 요즘에는 대부분 '살찌다' 의미로 쓰여요.

적중훈련

你发福了。 너 후덕해졌어.
Nǐ fā fú le.

什么? 뭐?
Shénme?

了 le (변화·완료 어기조사)　　什么 shénme 무엇(의문대사)

**얼마나 고생을 많이 했길래
아침엔 수영, 점심엔 요가, 저녁엔 조깅까지 한 당신**

> 살 빠졌네요

瘦了
[Shòu le]

몸무게는 1g도 줄지 않았지만 '살 빠졌다'라는 말을 들으면 저절로 미소가 번지지 않나요? 瘦 shòu 는 '수척하다'의 '수'자로 '마르다'라는 뜻이에요. 살이 빠지면 show하고 보여주고 싶으니까 瘦의 중국어 발음 shòu[쇼우]는 금방 외울 수 있겠어요.

적중훈련

- 你瘦了。 너 살 빠졌네.
  Nǐ shòu le.

- 我在减肥呢。 나 다이어트 중이거든.
  Wǒ zài jiǎn féi ne.

在…呢 zài…ne ~하는 중이다 | 减肥 jiǎn féi 살을 빼다

개성이 뚜렷한 멋쟁이 친구에게
유럽풍의 느낌 있는 카페를 보고

스타일 좋네요

有风格

[Yǒu fēnggé]

风格 fēnggé는 '성격, 기질' 등 여러 뜻이 있지만 우리가 옷이나 인테리어, 예술품 등의 느낌을 가리킬 때 흔히 쓰는 '스타일(style)'의 의미로 이해하면 쉬워요. 또한 风格는 '있다'라는 동사 有 yǒu와 함께 써요. 직역하면 '스타일이 있다'이지만 자연스럽게 '스타일 좋네요'라고 하면 됩니다.

적중훈련

요즘 유행하는 패션과 스타일 관련 표현들도 알아볼까요?

- 我是时尚达人。 Wǒ shì shíshàng dárén. 나는 패셔니스타예요.
- 时尚的完成就是脸。 Shíshàng de wánchéng jiù shì liǎn. 패션의 완성은 얼굴이죠.

是 shì ~이다 | 时尚 shíshàng 유행, 트렌드 | 达人 dárén 달인 | 的 de ~의
完成 wánchéng 완성하다 | 就是 jiù shì 바로 ~이다 | 脸 liǎn 얼굴

**빨간 목폴라 티셔츠에 빨간 양말까지
그런 옷은 도대체 어디서 구하는 거니?**

너무 촌스러워요

太土了

[Tài tǔ le]

土 tǔ 는 우리에게 익숙한 '흙 토'입니다. '촌 사람', '촌 티'와 같은 단어처럼 우리말의 '촌(村)'은 다소 유행에 못 미치는 것을 가리키는데, 중국어는 '흙'으로 그 의미를 대신했네요. '촌스럽다'라는 뜻의 土 는 패션뿐만 아니라 사람의 낡은 관념도 묘사할 수 있어요.

적중훈련

유행에 무관심한 사람들에게 사용할 수 있는 표현들도 알아볼까요?

- 时尚恐怖分子。 Shíshàng kǒngbù fènzǐ. 패션 테러리스트.
- 给什么穿什么。 Gěi shénme chuān shénme. 주는 대로 입는다.

太…了 tài…le 너무 ~하다 | 恐怖 kǒngbù 무섭다 | 分子 fènzǐ 사람 |
给 gěi (~에게) ~을 주다 | 什么 shénme 무엇 | 穿 chuān 입다

까도 까도 끝이 없는 양파 같은 그대
노래도 잘하고 성격도 좋고 옷도 잘 입고

> 볼매네요

越看越魅力

[Yuè kàn yuè mèilì]

'越+A+越+B'는 'A할수록 B하다'라는 의미예요. 알아 두면 정말 유용한 패턴 중에 하나랍니다. 이 문장에서 A=看 kàn(보다), B=魅力 mèilì(매력)이므로 '볼수록 매력이 있네요'라고 해석할 수 있어요. 요즘 우리나라에서는 이 말을 줄여서 '볼매'라고 하는 건 Tip입니다.

적중훈련

'越+A+越+B' 패턴을 사용한 다른 표현들도 알아봐요.

- 越快越好。 Yuè kuài yuè hǎo. 빠를수록 좋아요.
- 越多越好。 Yuè duō yuè hǎo. 많을수록 좋아요.
- 越努力越幸运。 Yuè nǔlì yuè xìngyùn. 열심히 할수록 행운이 따르죠.

快 kuài 빠르다 | 好 hǎo 좋다 | 多 duō 많다 | 努力 nǔlì 열심히 하다 | 幸运 xìngyùn 행운이다

내 남자친구 복근은
이효리는 세월이 흘러도

> 진짜 섹시해요

真性感

[Zhēn xìnggǎn]

性 xìng은 '성, 성별', 感 gǎn은 '감, 느낌'이라는 뜻이에요. 합치면 '성적인 느낌' 정도가 되겠죠? 性感 xìnggǎn은 매력적인 느낌의 '섹시하다'라는 뜻이지 '야하다'와는 달라요. 야할 때는 이렇게 말해요. → 很色情. Hěn sèqíng. 정도 표현인 真 zhēn은 생략할 수 있어요.

적중훈련

🧑 我的腹肌怎么样? 내 복근 어때?
Wǒ de fùjī zěnmeyàng?

👩 (真)性感。 (진짜로) 섹시해.
(Zhēn) xìnggǎn.

真 zhēn 진짜로 | 很 hěn (의미를 부여하지 않고 습관적으로 사용) | 色情 sèqíng 선정적
的 de ~의 것 | 腹肌 fùjī 복근 | 怎么样 zěnmeyàng 어떠하다(의문대사)

잘생기고 착한데 매너까지 좋은 선배
웃을 때 보조개가 쏙 들어가는 우리 오빠

그는 훈남이에요

他是暖男

[Tā shì nuǎnnán]

暖男 nuǎnnán은 풀어 보면 '따뜻하다(暖 nuǎn)+남자(男 nán)', 즉 '훈남'을 가리켜요. 중국에서 정의하는 훈남은 화려한 외모는 아니지만 가정적이고 자상한 남자라고 합니다. 앞에서 배운 'A+是+B' 패턴이 또 나왔네요. 是는 '~이다'라는 뜻으로 'A=B' 공식의 패턴이에요.

적중훈련

남자친구를 자랑하기에 좋은 다른 칭찬 표현들도 알아봐요.

- 他是男子汉。　Tā shì nánzǐ hàn. 그는 상남자예요.
- 他(真)体贴。　Tā (zhēn) tǐtiē. 그는 (진짜로) 자상해요.
- 他有幽默感。　Tā yǒu yōumò gǎn. 그는 유머 감각이 있어요.

男子汉 nánzǐ hàn 사나이 | 真 zhēn 진짜로 | 体贴 tǐtiē 자상하다 | 有 yǒu 있다 | 幽默感 yōumò gǎn 유머 감각

온화한 미소의 아름다운 그녀
장미 향기가 날 것만 같은 그녀

> 그녀는 참 상냥해요

她真温柔

[Tā zhēn wēnróu]

'따뜻하다'라는 温wēn과 '부드럽다'라는 柔róu가 만나서 '부드럽고 상냥하다' 뜻의 温柔wēnróu가 만들어 졌어요. 상냥한 말투와 온화한 미소의 그녀를 묘사하기에 적절한 단어죠. 부드러운 촉감이나 상냥한 목소리 등을 수식할 때에도 쓸 수 있답니다.

적중훈련

여자친구를 자랑하기에 좋은 다른 칭찬 표현들도 알아봐요.

- 她(真)爱笑。 Tā (zhēn) ài xiào. 그녀는 (진짜로) 잘 웃어요.
- 她(真)清纯。 Tā (zhēn) qīngchún. 그녀는 (진짜로) 청순해요.
- 她有女人味。 Tā yǒu nǚrén wèi. 그녀는 여성스러워요.

爱笑 ài xiào 잘 웃다 | 清纯 qīngchún 청순하다 | 女人味 nǚrén wèi 여성스럽다

유머 감각이 뛰어난
항상 웃는 얼굴에 친절한

그는 인기가 많아요

他很受欢迎

[Tā hěn shòu huānyíng]

受欢迎 shòu huānyíng은 풀어 보면 '받다(受 shòu)+환영하다(欢迎 huānyíng)=환영 받다'인데, 우리말의 '인기가 많다, 사랑 받다'와 같은 의미예요. 드라마, 음악, 제품 등 유무형의 사물에도 쓸 수 있답니다. 인기가 없는 경우에는 **不受欢迎**.Bú shòu huānyíng.이라고 하면 돼요.

적중훈련

🧑 **他性格很好。** 그 남자는 성격이 좋아요.
　Tā xìnggé hěn hǎo.

👩 **所以他很受欢迎。** 그래서 인기가 많아요.
　Suǒyǐ tā hěn shòu huānyíng.

很 hěn (의미를 부여하지 않고 습관적으로 사용) | 不 bù 아니다 |
性格 xìnggé 성격 | 好 hǎo 좋다 | 所以 suǒyǐ 그래서

낄 때 끼고 빠질 때 빠지기 좀 합시다
다이어트 중인데 치킨 먹자고 하는 남자친구

그는 눈치가 없어요
他没眼力见

[Tā méi yǎnlì jiàn]

眼力见 yǎnlì jiàn은 '안목, 관찰력'이라는 眼力 yǎnlì와 '보다, 만나다'라는 见 jiàn이 만나서 '눈치, 눈썰미'라는 뜻으로 쓰여요. 눈치가 있으면 有 yǒu를, 없으면 没(有) méi(yǒu)를 쓰는 게 우리와 똑같네요. 우리말 '눈치를 보다'에서 '눈치'는 다른 뜻인 거 알죠? 중국어도 '눈치를 보다'는 상대방의 안색을 살핀다는 의미로 看脸色 kàn liǎnsè 라고 해요.

적중훈련

🧑 他怎么来的? 그는 왜 온 거예요?
Tā zěnme lái de?

👩 他没(有)眼力见。 그는 눈치가 없잖아요.
Tā méi(yǒu) yǎnlì jiàn.

有 yǒu 있다 | 没(有) méi(yǒu) 없다 | 看 kàn 보다 | 脸色 liǎnsè 안색 |
怎么 zěnme 어째서, 어떻게(의문대사) | 来 lái 오다 | 的 de ~의 것

매사에 소극적인
문제가 생기면 한 발짝 뒤로 물러나는

그는 좀 소심해요
他有点胆小
[Tā yǒu diǎn dǎnxiǎo]

우리말의 '소심하다'는 중국어로 같은 한자를 쓰는 小心 xiǎoxīn일 것 같지만 小心은 '조심하다'라는 뜻이에요. '소심하다'는 '담이(胆) 작다(小)'라는 의미로 胆小 dǎnxiǎo를 써요. 우리도 겁이 많고 배짱이 없는 사람에게 '담이 작다'라고 하잖아요. '조금'만 소심하다면 앞에 有点 yǒu diǎn을 붙여 주세요.

적중훈련

조금은 소심하고 조금은 매력이 떨어지는 성격을 묘사하는 다른 표현들도 알아봐요.

- 他性格不好. Tā xìnggé bù hǎo. 그는 성격이 좋지 않아요.
- 他有点内向. Tā yǒu diǎn nèixiàng. 그는 좀 내성적이에요

性格 xìnggé 성격 | 不 bù 아니다 | 好 hǎo 좋다 | 内向 nèixiàng 내성적이다

언제나 웃으며 관대한
망설이는 법 없이 강단 있는

그는 성격이 시원시원해요
他性格很大方
[Tā xìnggé hěn dàfang]

性格 xìnggé 는 한자와 뜻이 우리말 '성격'과 똑같은 중국어예요. '성격'을 묘사하는 단어 중 하나인 大方 dàfang 은 '거침없다, 대범하다'라는 뜻으로 외모나 옷차림, 돈의 씀씀이 등이 시원시원하고 인색하지 않은 사람을 묘사하는 단어랍니다.

적중훈련

대범하고 밝은 성격을 묘사하는 다른 표현들도 알아봐요.

- 他性格很开朗。 Tā xìnggé hěn kāilǎng. 그는 성격이 명랑해요.
- 他性格很活泼。 Tā xìnggé hěn huópō. 그는 성격이 활발해요.
- 他很勇敢。 Tā hěn yǒnggǎn. 그는 용감해요.

很 hěn (의미를 부여하지 않고 습관적으로 사용) |
开朗 kāilǎng 명랑하다 | 活泼 huópō 활발하다 | 勇敢 yǒnggǎn 용감하다

친구를 잘 도와주는
어른을 잘 공경하는

그는 착해요
他很善良
[Tā hěn shànliáng]

한자 **善**(착할 선)과 **良**(좋을 량)이 합체하여 '선량하다, 착하다'라는 참 좋은 단어가 되었네요. '성격'이라는 **性格** xìnggé를 써서 **他性格很善良**。Tā xìnggé hěn shànliáng.이라고 말해도 됩니다. 성격이 굉장히 좋다면 **很** hěn을 **真** zhēn이나 **非常** fēicháng 등으로 바꿔 보세요.

적중훈련

착하고 반듯한 사람을 묘사하는 다른 표현들도 알아봐요.

- 他很谦虚。 Tā hěn qiānxū. 그는 겸손해요.
- 他很有礼貌。 Tā hěn yǒu lǐmào. 그는 예의가 발라요.

很 hěn (의미를 부여하지 않고 습관적으로 사용) | **真** zhēn 진짜로
非常 fēicháng 아주 | **谦虚** qiānxū 겸손하다 | **有** yǒu 있다 | **礼貌** lǐmào 예의

솔직해도 너무 솔직한
뇌를 거치지 않고 이야기하는 것 같은

그는 돌직구예요

他嘴直

[Tā zuǐ zhí]

嘴 zuǐ는 신체 부위 중 '입'을 가리켜요. 많은 분들이 '입'은 口 kǒu 라고 알지만 口는 '입' 외에 말솜씨의 '말', 맛 표현의 '맛', 출입구의 '구멍' 뜻까지 다양해요. 반면 嘴는 삐죽삐죽 그 '입'을 뜻합니다. 그래서 '곧다'라는 直 zhí를 써서 입이 곧아 돌직구를 날리는 사람한테 嘴直 zuǐ zhí 라고 하죠.

적중훈련

嘴를 사용한 다른 표현들도 알아봐요.

- 他嘴紧. Tā zuǐ jǐn. 그는 입이 무거워요.
- 他嘴快. Tā zuǐ kuài. 그는 입이 가벼워요.
- 他嘴甜. Tā zuǐ tián. 그는 듣기 좋은 말을 잘해요.

紧 jǐn 단단하다 | 快 kuài 빠르다 | 甜 tián 달다

연습문제

빈칸에 알맞은 중국어를 넣어 말해 보세요.

01 예쁘네요.　　　　　长得很_____。

02 잘생겼네요.　　　　_____很帅。

03 진짜 귀여워요.　　　真_____。

04 못생겼어요.　　　　很_____。

05 어려 보여요.　　　　_____年轻。

06 피부가 좋네요.　　　皮肤_____。

07 후덕해졌네요.　　　发_____了。

08 살 빠졌네요.　　　　_____了。

09 스타일 좋네요.　　　有_____。

10 너무 촌스러워요.　　太_____了。

정답 01. 长得很漂亮 Zhǎng de hěn piàoliang　02. 长得很帅 Zhǎng de hěn shuài　03. 真可爱 Zhēn kě'ài　04. 很难看 Hěn nán kàn　05. 显得年轻 Xiǎn de niánqīng　06. 皮肤很美 Pífū hěn měi　07. 发福了 Fā fú le　08. 瘦了 Shòu le　09. 有风格 Yǒu fēnggé　10. 太土了 Tài tǔ le

11	볼매네요.	___看___魅力。
12	진짜 섹시해요.	真___。
13	그는 훈남이에요.	他是___。
14	그녀는 참 상냥해요.	她真___。
15	그는 인기가 많아요.	他很受___。
16	그는 눈치가 없어요.	他___眼力___。
17	그는 좀 소심해요.	他有点___。
18	그는 성격이 시원시원해요.	他性格很___。
19	그는 착해요.	他很___。
20	그는 돌직구예요.	他___直。

정답 11. 越看越魅力 Yuè kàn yuè mèilì 12. 真性感 Zhēn xìnggǎn 13. 他是暖男 Tā shì nuǎnnán 14. 她真温柔 Tā zhēn wēnróu 15. 他很受欢迎 Tā hěn shòu huānyíng 16. 他没眼力见 Tā méi yǎnlì jiàn 17. 他有点胆小 Tā yǒu diǎn dǎnxiǎo 18. 他性格很大方 Tā xìnggé hěn dàfang 19. 他很善良 Tā hěn shànliáng 20. 他嘴直 Tā zuǐ zhí

☑ 이번 장에서는
무엇을 배울까요?

今天馋炸鸡。
오늘은 치킨이 땡기네요.

07
CHAPTER

식사와 음주

풍요롭게 식사와 음주를 즐겨요

다이어트 중이지만 언제나
늦게 일어나서 아침밥을 못 먹었어요

배고파 죽겠어요

饿死了

[È sǐ le]

…**死了** …sǐ le 는 '~해 죽겠다'라고 배웠죠? 죽을 만큼 배가 고플 때는 '배고프다'라는 **饿**è 뒤에 **死了**만 붙여 주면 됩니다. è[으(어)]는 입을 쫙쫙 벌려야 하는 다른 발음에 비해 에너지 소모가 비교적 적어요. 배고파서 말할 힘도 없을 때는 주린 배를 잡고 "으(어) 쓰 러"라고 해 보세요.

적중훈련

배고픔을 묘사하는 다른 표현들도 알아봐요.

- 有点饿。　Yǒu diǎn è. 좀 배고파요.
- 饿得要命。　È de yàomìng. 몹시 배고파요.
- 肚子咕咕叫。　Dùzi gūgū jiào. 배에서 꼬르륵 소리가 나요.

有点 yǒu diǎn 조금 | 得 de ~정도가 | 要命 yàomìng 몹시 |
肚子 dùzi 배 | 咕咕 gūgū 꼬르륵(의성어) | 叫 jiào 소리치다

가만 보면 밤이면 밤마다
치느님은 언제나 옳으니까

오늘은 치킨이 땡기네요

今天馋炸鸡

[Jīntiān chán zhájī]

어떤 음식이 '땡기다'라는 우리말에 딱 맞는 중국어가 '식탐하다'라는 馋 chán 이에요. 그래서 '~(음식)이 땡기다'를 중국어로 말하고 싶다면 '馋 + 먹고 싶은 음식' 순서로 하면 됩니다. 어렵지 않죠? 炸鸡 zhájī는 풀어 보면 '튀기다(炸 zhá) + 닭(鸡 jī)'이에요. 바로 우리의 치느님! '치킨'을 의미하죠.

적중훈련

你想吃什么? 뭐 먹고 싶어요?
Nǐ xiǎng chī shénme?

今天馋炸鸡。 오늘은 치킨이 땡기네요.
Jīntiān chán zhájī.

今天 jīntiān 오늘 | 想 xiǎng ~하고 싶다 | 吃 chī 먹다 | 什么 shénme 무엇(의문대사)

가게 문이 열리며 손님이 들어올 때
세미나에 참석한 귀빈들께 환영의 인사를 전할 때

어서 오세요

欢迎光临

[Huānyíng guānglín]

欢迎光临

중국에 가면 가장 많이 듣는 말 중 하나가 欢迎光临. Huānyíng guānglín. 이에요. 어떤 가게든 들어가기만 하면 종업원들이 하는 말이기도 하죠. 欢迎 huānyíng 은 한자 그대로 '환영하다'이고 光临 guānglín 은 '광림하시다'라는 뜻이니까 둘을 합치면 우리말의 '어서 오세요'가 되겠네요.

적중훈련

중국 식당에서 항상 들을 수 있는 고정 표현들이 있어요. 한번 알아볼까요?

- 您几位？　Nín jǐ wèi? 몇 분이세요?
- 这边请。　Zhè biān qǐng. 이쪽으로 모실게요.
- 下次光临。　Xià cì guānglín. 다음에 또 오세요.

几 jǐ 몇(수량 의문대사) | 位 wèi 분(경어) | 这边 zhè biān 이쪽 | 请 qǐng 청하다 | 下 xià 다음 | 次 cì 번

식당에서 주문할 때 계산할 때 외쳐줘요
언제 어디서든 종업원을 부를 때 외쳐줘요

저기요

服务员~
[Fúwùyuán]

서비스 업종의 종업원을 부르는 가장 일반적인 단어예요. 服务 fúwù 는 '서비스하다', 员 yuán 은 staff의 뜻으로 식당, 호텔, 마트, 백화점 등에서 두루 활용할 수 있답니다. 여종업원은 小姐 xiǎojiě 라고 부르기도 하는데, 본래 '아가씨'라는 뜻이지만 '술집아가씨'를 가리키기도 하니 服务员 fúwùyuán 을 추천해요.

적중훈련

식당에서 '저기요'라고 종업원을 불렀으면 다음은 음식을 주문해야겠죠?

- 点菜。 Diǎn cài. 주문할게요.
- (请)给我菜单。 (Qǐng) gěi wǒ càidān. 메뉴판 좀 주세요.
- 请推荐一下。 Qǐng tuījiàn yíxià. 추천 좀 해 주세요.

点 diǎn 주문하다 | 菜 cài 요리 | 给 gěi (~에게) ~을 주다
菜单 càidān 메뉴판 | 推荐 tuījiàn 추천하다 | 一下 yíxià 좀 ~하다

옷 가게에서 사고 싶은 옷을 가리키며
식당에서 메뉴판에 있는 음식을 가리키며

이걸로 주세요

请给我这个

[Qǐng gěi wǒ zhè ge]

중국어를 몰라도 검지손가락으로 가리키면서 '이것'이라는 这个 zhè ge 만 말하면 주문이나 쇼핑할 때 문제가 없어요. 문장으로 말할 때는 '나에게 주세요'라는 给我 gěi wǒ 또는 공손히 청할 때는 请给我 qǐng gěi wǒ와 함께 쓰면 됩니다. 구어에서 这个는 zhè ge [쩌 거]보다 zhèi ge [쩌이 거]라고 더 많이 발음해요.

적중훈련

'(请)+给+我' 패턴만 알고 있으면 식당에서 필요한 물건을 요청할 수 있어요.

- (请)给我碟子。 (Qǐng) gěi wǒ diézi. 앞 접시 좀 주세요.
- (请)给我餐巾纸。 (Qǐng) gěi wǒ cānjīn zhǐ. 냅킨 좀 주세요.
- (请)给我一杯水。 (Qǐng) gěi wǒ yì bēi shuǐ. 물 한 잔 주세요.

请 qǐng 청하다 | 给 gěi (~에게) ~을 주다 | 碟子 diézi 접시 |
餐巾纸 cānjīn zhǐ 종이 냅킨 | 一杯 yì bēi 한 잔 | 水 shuǐ 물

중국에서는 이 메뉴가 진리죠
오늘은 면보다 밥이 땡기네요

볶음밥 하나요

来一份炒饭

[Lái yí fèn chǎofàn]

来 lái는 '오다'라고 알고 있었는데, 음식을 시킬 때 来가 나오니 당황스럽죠? '(음식을) 내오다'라고 이해하면 좋을 것 같아요. 식당에서 주문할 때 흔히 쓰는 말입니다. 份은 '벌', '세트'라는 뜻으로 一份 yí fèn은 '1인분'을 의미해요.

적중훈련

음식을 주문하는 다른 표현들도 알아봐요. 많지 않으니 모두 기억해 두면 편하겠죠?

- 来一份炒饭。 Lái yí fèn chǎofàn. 볶음밥 하나요.
  = 我要一份炒饭。 Wǒ yào yí fèn chǎofàn. 볶음밥 하나를 원해요.
  = (请)给我一份炒饭。 (Qǐng) gěi wǒ yí fèn chǎofàn. 볶음밥 하나 주세요.

炒饭 chǎofàn 볶음밥 | 要 yào 원하다

주문한 지 한참 됐는데 음식이 안 나올 때
소문난 맛집의 대기 인원이 30명이나 될 때

얼마나 기다려야 해요?

要等多久?

[Yào děng duō jiǔ?]

多 duō는 '많다' 외에 '얼마나'라는 의문의 뜻이 있는데, '얼마나 (많이)'라는 의미로 생각하면 이해하기 쉬워요. 그래서 '~해야 한다(**要** yào)+기다리다(**等** děng)+얼마나(**多** duō)+오래(**久** jiǔ)' 단어를 모두 합쳐 보면 '얼마나 (오래) 기다려야 해요?'라는 말이 되는 거죠.

적중훈련

'多+형용사' 패턴의 의문문도 알아봐요.

- **多**远? Duō yuǎn? 얼마나 멀어요?
- **多**深? Duō shēn? 얼마나 깊어요?
- **多**长? Duō cháng? 얼마나 길어요?

远 yuǎn 멀다 | 深 shēn 깊다 | 长 cháng 길다

고수의 강한 향에 거부감을 느낀다면
중국에서 요리 시킬 때 잊어버리면 안 되는 말

고수는 빼고 주세요

不要放香菜

[Bú yào fàng xiāngcài]

요즘은 좋아하는 분들도 있지만 중국 요리의 **香菜** xiāngcài, 바로 '고수'의 강한 향이 싫다면 주문 단계에서 **不要放香菜**。Bú yào fàng xiāngcài. 라고 말해 주세요. **不要** bú yào 는 '~하지 마라'는 금지 표현이라고 배웠죠? **不要** 뒤에 '넣다'라는 동사 **放** fàng 을 쓰면 넣지 말아 달라는 말이 됩니다.

적중훈련

자신의 취향에 맞춰 음식을 주문할 수 있는 간단한 표현들도 알아봐요.

- **不要太辣**。 Bú yào tài là. 덜 맵게 해 주세요.　　　　　[식당에서]
- **少放点盐**。 Shǎo fàng diǎn yán. 덜 짜게 해 주세요.　　　[식당에서]
- **不要放糖水**。 Bú yào fàng tángshuǐ. 시럽은 빼고 주세요.　[카페에서]

太 tài 너무 ｜ 辣 là 맵다 ｜ 少 shǎo 약간 ｜ 点 diǎn 조금 ｜ 盐 yán 소금 ｜ 糖水 tángshuǐ 시럽

따끈한 밥에 스팸 한 조각 올리며
방금 끓인 라면에 김치 한 조각 집으며

맛있겠다

好香啊

[Hǎo xiāng a]

음식 향이 너무 좋아 군침이 날 때는 **好香啊!** Hǎo xiāng a! 라고 말해 보세요. 香 xiāng은 본래 '향기롭다'라는 뜻으로 음식이 '맛있다'라는 뜻도 담고 있어요. 啊 a는 문장 끝에 쓰여 감탄을 나타냅니다. 그래서 **好香**이때 好는 습관적으로 붙여 씀 다음에 啊를 붙이면 '맛있겠다!'라는 감탄의 말이 되는 거죠.

> **적중훈련**
>
> 🧑 您点的菜来了。 주문하신 음식 나왔습니다.
>   Nín diǎn de cài lái le.
>
> 👩 **好香啊!** 맛있겠다!
>   Hǎo xiāng a!
>
> 点 diǎn 주문하다 | 的 de ~의 것 | 菜 cài 요리 | 来 lái (음식을) 내오다 | 了 le (변화·완료 어기조사)

차린 건 없지만
이건 내가 사는 거니까

많이 먹어요
多吃点
[Duō chī diǎn]

식사 전 한국은 '잘 먹겠습니다', 일본은 'いただきます[이타다끼마스]'라고 인사하죠? 중국은 함께 식사하는 상대방에게 먼저 인사를 전하는 게 일반적이에요. 그 인사는 '많다(**多** duō)+먹다(**吃** chī)+조금(**点** diǎn)=많이 (좀) 먹어요'라는 **多吃点**。Duō chī diǎn. 입니다.

적중훈련

식사 전에 쓸 수 있는 매너 표현들을 준비했어요. 상황에 맞게 사용해 보세요.

- 慢慢吃。 Màn man chī. 천천히 먹어요.
- 趁热吃。 Chèn rè chī. 따뜻할 때 먹어요.
- 请慢用。 Qǐng mànyòng. 맛있게 드세요.   [공손한 표현]

慢 màn 천천히 하다 | 趁 chèn ~을 틈타 | 热 rè 뜨겁다 | 请 qǐng 청하다 | 用 yòng (식사를) 들다

갓 지은 고슬고슬 쌀밥이
뚝배기에 끓인 보글보글 된장찌개가

너무 뜨거워요

太烫了
[Tài tàng le]

'너무 ~하다'라는 太…了 tài…le 패턴, 참 자주 등장하죠? 그만큼 자주 쓰이기 때문이에요. 이번에는 '몹시 뜨겁다'라는 烫 tàng과 함께 쓰였어요. 太烫了. Tài tàng le.는 우리가 아주 뜨거운 것을 만지거나 먹었을 때 뜨겁다는 감각을 나타내는 말이에요.

적중훈련

'너무' 보다는 '약간', '조금' 정도일 때는 有点을 쓰면 돼요. 太…了는 긍정과 부정의 어감에 모두 쓸 수 있지만 有点은 부정적인 어감만 담고 있습니다.

- 太咸了。 Tài xián le. 너무 짜요. / 有点咸。 Yǒu diǎn xián. 좀 짜요.
- 太淡了。 Tài dàn le. 너무 싱거워요. / 有点淡。 Yǒu diǎn dàn. 좀 싱거워요.

咸 xián 짜다 | 淡 dàn 싱겁다

오랜만에 먹는 엄마표 집밥
남자친구가 끓여 준 특제 라면

대박 맛있어요
真的很好吃
[Zhēn de hěn hǎochī]

真的很好吃

우리도 무엇을 강조해서 말할 때 "진짜 엄청 좋다"처럼 여러 수식어를 쓰죠? 중국어도 마찬가지예요. 가장 많이 쓰이는 조합이 '真 zhēn de+很 hěn'입니다. 好吃 hǎochī는 풀어 보면 '좋다(好 hǎo)+먹다(吃 chī)=먹기 좋다'이니까 '맛있다'라는 뜻이 되겠네요.

적중훈련

맛이 없거나 그저 그럴 때는 어떻게 말할까요?

- 不好吃。 Bù hǎochī. 맛 없어요.
- 还行。/ 还可以。 Hái xíng. / Hái kěyǐ. 그런대로 괜찮네요.

真的 zhēn de 진짜('사실'임을 밝히는 어감) | 很 hěn (의미를 부여하지 않고 습관적으로 사용)
不 bù 아니다 | 还 hái 그런대로 | 行 xíng 좋다 | 可以 kěyǐ 나쁘지 않다

허기진 배를 채우려 허겁지겁 먹었더니
더 먹으라는 장모님의 넘치는 사랑이 버거울 때

배불러요

吃饱了

[Chī bǎo le]

음식을 맛있게 먹고 나서 배가 부를 때는 어떻게 말할까요? '배부르다'라는 '饱 bǎo를 쓰면 돼요. 한자 饣(食, 밥 식)과 包(감쌀 포)가 만났으니 음식을 감싸고 있는 배를 상상해 보세요. '배부르다'라는 뜻이 연상되나요?

적중훈련

배를 두드리며 배부름을 묘사하는 다른 표현들도 알아봐요.

- 撑死了。　Chēng sǐ le. 배불러 죽겠어요.
- 吃不动了。　Chī bú dòng le. 배불러서 못 움직이겠어요.
- (真)吃不下。　(Zhēn) chī bú xià. (진짜로) 더 못 먹겠어요.

吃 chī 먹다 | 了 le (변화·완료 어기조사) | 撑 chēng 가득 채우다 | …死了 …sǐ le ~해 죽겠다 | 不 bù 아니다 | 动 dòng 움직이다 | 真 zhēn 진짜로 | 下 xià 내리다

지난번에 네가 냈으니까
얘들아, 나 오늘 월급 받았어

오늘은 내가 쏩니다
今天我请客
[Jīntiān wǒ qǐng kè]

请客 qǐng kè 는 풀어 보면 '청하다(请 qǐng)+손님(客 kè)=손님으로 청하다'예요. 우리말의 '한턱 내다'와 같은 의미로 쓰인답니다. 요즘 젊은 친구들은 더치페이가 익숙하지만 아직 중국의 어른들은 체면을 중시해서 한쪽이 식사를 대접하는 경우가 많아요. 커피나 영화 등에도 쓸 수도 있습니다.

적중훈련

여러분이 궁금해 할 만한 다른 표현들도 준비했어요.

- 你请客吧。 Nǐ qǐng kè ba. 네가 쏴.
- AA制吧。 AA zhì ba. 더치페이해요. [전체 금액의 1/n]
- 各付各的吧。 Gè fù gè de ba. 각자 내요. [자기가 먹은 것만 계산함]

今天 jīntiān 오늘 | 吧 ba (청유·명령 어기조사)
AA制 AAzhì 더치페이 | 各 gè 각자 | 付 fù (돈을) 지불하다 | 的 de ~의 것

오늘 기분도 우울한데
당신을 더 알고 싶은데

한잔 할래요?

要喝一杯吗?

[Yào hē yì bēi ma?]

이 말도 우리와 참 비슷해요. 우리도 '술 마실래요?'보다 '한잔 할래요?'라고 묻죠. 一杯 yì bēi 가 바로 '한 컵, 한잔'의 의미입니다. 그리고 술이나 물, 탕 등은 '먹다'라는 吃 chī 가 아니라 '마시다'라는 喝 hē 동사를 쓴다는 것도 기억해 두세요.

적중훈련

> 要喝一杯吗? 한잔 할래요?
> Yào hē yì bēi ma?

> 好!不醉不归。 그래요! 취할 때까지 마실 거예요.
> Hǎo! Bú zuì bù guī.

要 yào 원하다 | 杯 bēi 잔, 컵 | 吗 ma (의문조사) |
好 hǎo 그래, 오케이 | 不 bù 아니다 | 醉 zuì 취하다 | 归 guī 돌아가다

우리의 우정을 위하여
번창할 사업을 위하여

건배

干杯

[Gānbēi]

요즘은 가볍게 술잔을 부딪히며 Cheers!의 의미로도 쓰이지만 干杯!Gānbēi!의 본래 뜻과 용도는 '잔을 비우다', 즉 '원 샷'이에요. 풀어 보면 '마르다(干 gān)+잔(杯 bēi)=잔을 말리다'라는 의미이니 더 이상의 설명은 필요 없겠죠?

적중훈련

술자리에서 잔을 부딪치며 사용할 수 있는 흥겨운 표현들도 알아볼까요?

- 干杯！Gānbēi! 건배!　　　　　　　　　　[Cheers!와 '원 샷' 의미 혼용]
- 碰一个吧！Pèng yí ge ba! 짠!　　　　　　[Cheers! 의미만 사용]
- 交杯酒！Jiāobēijiǔ! 러브 샷!

碰 pèng 부딪치다 ｜ 一个 yí ge 한 개 ｜ 吧 ba (청유·명령 어기조사) ｜ 交杯酒 jiāobēijiǔ 합환주, 러브 샷

내 눈치 보지 말고
내가 있으니까 안심하고

편하게 마셔요

随意喝

[Suíyì hē]

술자리에서 매너 있는 상사가 되고 싶다면 **随意喝**。Suíyì hē. 를 기억하세요. 随意 suíyì 는 '뜻대로, 하고 싶은 대로'라는 뜻이에요. 그래서 뜻대로 마시라는 의미니까 마실 수 있을 만큼 '편하게 마셔요'라는 말이 됩니다.

적중훈련

- 我不会喝酒。 제가 술을 잘 못 마셔서요.
  Wǒ bú huì hējiǔ.

- 没关系, **随意喝**。 괜찮아요, 편하게 마셔요.
  Méiguānxi, suíyì hē.

喝 hē 마시다 | 不 bù 아니다 | 会 huì ~을 잘하다 | 酒 jiǔ 술 | 没关系 méiguānxi 괜찮다

세상이 빙빙 돌고 있어요
나무가 자꾸 저한테 와서 부딪혀요

취했어요

喝醉了

[Hē zuì le]

술을 마시다 취해버리면 '취하다'라는 醉 zuì 를 써서 **喝醉了** Hē zuì le. 라고 말해요. 醉(취할 취) 글자가 어렵다고요? 글자를 자세히 보세요. 卒(병 졸)이 숨어 있죠? 취하면 졸병이 된다고 기억하면 쉽게 잊혀지지 않을 거예요!

적중훈련

你喝醉了。 당신 취했어요.
Nǐ hē zuì le.

我没(有)醉, 再来一杯! 나 안 취했어요, 한잔 더 줘!
Wǒ méi(yǒu) zuì, zài lái yì bēi!

了 le (변화·완료 어기조사) | 没(有) méi(yǒu) ~하지 않다 | 再 zài 더 | 来 lái (음식을) 내오다 | 一杯 yì bēi 한잔

따뜻한 아메리카노 한잔
베이컨 토마토 디럭스 세트 하나

테이크아웃이요

带走

[Dài zǒu]

'지니다(带 dài)+가다(走 zǒu)'가 합체한 带走。Dài zǒu.는 '데리고 가다, 가지고 가다'라는 의미예요. 주문한 음식을 매장에서 먹지 않고 테이크아웃할 때 쓰는 말입니다. 我要 wǒ yào 를 붙여서 我要带走。Wǒ yào dài zǒu. 라고 말하면 더 완전한 문장이 되겠죠?

적중훈련

매장에서 먹고 갈지 테이크아웃할지 마음속으로 결정한 후에 아래 표현들도 사용해 봐요.

- 可以带走吗? Kěyǐ dài zǒu ma? 테이크아웃되나요?
- (我要)在这儿吃。 (Wǒ yào) zài zhèr chī. 여기에서 먹을게요.

要 yào ~하려 하다 | 可以 kěyǐ ~해도 된다 | 吗 ma (의문조사) | 在 zài ~에서 | 这儿 zhèr 여기 | 吃 chī 먹다

손들고 종업원을 부르며
다 먹었으니 이제 일어날까요?

> 계산할게요

买单~

[Mǎi dān]

买单。Mǎi dān. 은 본래 '계산서'이지만 '계산하다, 지불하다'라는 의미도 있어요. 식사를 다하고 종업원을 부르며 "마이 딴"이라고 외치면 계산서를 가져다 줄 거예요. 그럼 그 자리에서 바로 결제를 하거나 계산서를 가지고 카운터로 가서 결제하면 됩니다.

적중훈련

지역에 따라 광동 방언인 埋单。Mái dān. 을 쓰는 곳도 있지만 일반적으로는 买单。Mǎi dān. 을 씁니다. 우리는 우리말 발음인 '마이 딴'만 기억해 놓으면 될 것 같아요. 자주 쓰이는 동의어로는 '결제할게요'라는 结账。Jiézhàng 도 있습니다.

结账 jiézhàng 결제하다

연습문제

빈칸에 알맞은 중국어를 넣어 말해 보세요.

01 배고파 죽겠어요. 　　饿_____。

02 오늘은 치킨이 땡기네요. 　　今天_____炸鸡。

03 어서 오세요. 　　_____光临。

04 저기요. 　　_____员~

05 이걸로 주세요. 　　请_____我_____。

06 볶음밥 하나요. 　　来一_____炒_____

07 얼마나 기다려야 해요? 　　_____等_____久?

08 고수는 빼고 주세요. 　　_____要_____香菜。

09 맛있겠다. 　　_____啊。

10 많이 먹어요. 　　_____吃_____。

정답 01. 饿**死了** È sǐ le　02. 今天**馋**炸鸡 Jīntiān chán zhájī　03. **欢迎**光临 Huānyíng guānglín　04. **服务**员 Fúwùyuán　05. 请**给**我**这个** Qǐng gěi wǒ zhè ge　06. 来一**份**炒饭 Lái yí fèn chǎofàn　07. **要**等**多**久 Yào děng duō jiǔ　08. **不要****放**香菜 Bú yào fàng xiāngcài　09. **好香**啊 Hǎo xiāng a　10. **多**吃**点** Duō chī diǎn

11	너무 뜨거워요.	太_____了。
12	대박 맛있어요.	真的_____好_____。
13	배불러요.	吃_____了。
14	오늘은 내가 씁니다.	今天我_____。
15	한잔 할래요?	_____喝_____杯吗?
16	건배.	_____杯。
17	편하게 마셔요.	_____喝。
18	취했어요.	喝_____了。
19	테이크아웃이요.	_____走。
20	계산할게요.	买_____。

정답 11. 太烫了 Tài tàng le 12. 真的很好吃 Zhēn de hěn hǎochī 13. 吃饱了 Chī bǎo le 14. 今天我请客 Jīntiān wǒ qǐng kè 15. 要喝一杯吗 Yào hē yì bēi ma 16. 干杯 Gānbēi 17. 随意喝 Suíyì hē 18. 喝醉了 Hē zuì le 19. 带走 Dài zǒu 20. 买单 Mǎi dān

☑ 이번 장에서는
무엇을 배울까요?

请到机场。
공항으로 가 주세요.

08
CHAPTER

여행과 숙박

당당하게 여행을 즐겨요

이번 겨울에는 꼭
일상에 지친 나를 위한 선물이에요

나 여행 갈 거예요

我要去旅行

[Wǒ yào qù lǚxíng]

要 yào 는 쓰임이 많은 단어예요. 이때는 조동사로 쓰여 '~할 것이다'라는 뜻으로, 要去 yào qù 라고 하면 '갈 것이다'라는 말이에요. 그리고 '여행'에 해당하는 중국어는 旅游 lǚyóu 와 旅行 lǚxíng 이 있습니다. 旅游가 여유를 즐기는 관광이라면 旅行은 배움을 포함한 더 큰 범주의 여행을 의미해요. 그래서 배낭여행이나 수학여행 등에는 旅行을 쓴답니다.

적중훈련

- 我要去旅行。 나 여행 갈 거예요.
  Wǒ yào qù lǚxíng.

- 你要去哪里? 어디로요?
  Nǐ yào qù nǎlǐ?

去 qù 가다 | 哪里 nǎlǐ 어디(의문대사)

우리 부모님 여행 가셨어 오빠
게스트하우스 예약 문의를 하신다고요?

몇 박 며칠이요?

几天几夜呢?

[Jǐ tiān jǐ yè ne?]

누가 여행을 간다고 하면 곧잘 물어보는 말이죠. 예를 들어 우리는 '1박 2일'이라고 한다면, 중국은 반대로 '2일 1박'이라고 해요. 이 순서만 제외하면 문장 구조는 우리말과 똑같답니다. 숫자를 묻는 의문대사 几jǐ를 써서 '몇(几 jǐ)+일(天 tiān)+몇(几 jǐ)+박(夜 yè)?'이라고 합니다. 이때 呢 ne 는 생략해도 돼요.

적중훈련

🙋 几天几夜(呢)? 몇 박 며칠이요?
　　Jǐ tiān jǐ yè (ne)?

🙍 四天三夜(的)。 3박 4일이요.
　　Sì tiān sān yè (de).

天 tiān 일(日) | 夜 yè 밤 | 呢 ne (의문문 끝에 쓰여 강조함) | 的 de (문장 끝에 쓰여 긍정함)

예약을 못했는데
오늘 하루만 묵고 싶은데

방 있어요?

有房间吗?

[Yǒu fángjiān ma?]

예약 없이 호텔에 방문했다면 방이 있는지 물어보는 게 먼저겠죠? 아주 간단해요. '있다(有 yǒu)+방(房间 fángjiān)+의문조사(吗 ma)?' 순서로 말하면 끝! 또 '빈방 있어요?'라는 말도 많이 쓰죠? '텅 비다'라는 空 kōng 만 넣어서 有空房(间)吗? Yǒu kōng fáng(jiān) ma? 라고 하면 됩니다.

적중훈련

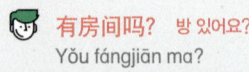 有房间吗? 방 있어요?
Yǒu fángjiān ma?

有, 您要先付押金。
Yǒu, nín yào xiān fù yājīn.
있습니다. 먼저 보증금을 내셔야 해요.

* 중국은 보증금 문화가 발달되어 있어요. 숙박이나 물건 등을 렌트할 때, 훼손이나 분실을 대비해 미리 받아 두는 돈이죠. 그래서 항상 약간의 현금을 소지하는 것이 좋습니다.

要 yào ~해야 한다 | 先 xiān 먼저 | 付 fù (돈을) 지불하다 | 押金 yājīn 보증금

오션뷰 룸으로 잘 부탁드려요
안녕하세요, 예약은 인터넷으로 했어요

체크인할게요

我要入住

[Wǒ yào rùzhù]

여행지에 도착했다면 호텔 체크인부터 해 볼까요? 入住 rùzhù 는 '입주하다, (호텔 등에서) 숙박하다'라는 뜻이에요. 入住 대신 '기록하다'라는 登记 dēngjì 를 써서 我要登记。Wǒ yào dēngjì. 라고 해도 같은 말이에요. 둘 다 자주 쓰이니 익혀 두도록 해요.

적중훈련

호텔룸 관련 단어예요. 상황에 맞게 적절히 사용하면 좋을 것 같아요.

- 单人间 dānrén jiān 1인실
- 双人间 shuāngrén jiān 2인실
- 吸烟房 xī yān fáng 흡연 가능실 ↔ 禁烟房 jìn yān fáng 흡연 금지실

要 yào ~하려 하다 | 单人 dānrén 혼자 | 间 jiān 방
双人 shuāngrén 2인용 | 吸烟 xī yān 흡연하다 | 房 fáng 방 | 禁烟 jìn yān 금연하다

급하게 지도 앱을 봐야 하는데
아이들 유튜브 틀어 줘야 하는데

와이파이 있어요?

有Wi-Fi吗?

[Yǒu Wi-Fi ma?]

중국에서 와이파이는 영어 그대로 Wi-Fi 또는 **无线网** wú xiàn wǎng 이라고 해요. 그렇다면 와이파이의 유무는 어떻게 물어볼까요? 앞서 배운 '방 있어요?' 문장과 구조가 같아요. '있다(**有** yǒu)+Wi-Fi+의문조사(**吗** ma)?' 순서로 물어보면 됩니다.

적중훈련

와이파이와 관련하여 쓸 만한 표현들을 더 알아봐요.

- **密码是多少?** Mìmǎ shì duōshao? 비밀번호가 뭐예요?
- **Wi-Fi是免费的吗?** Wi-Fi shì miǎnfèi de ma? 와이파이는 무료인가요?

无线 wú xiàn 무선의 | **网** wǎng 인터넷 | **密码** mìmǎ 비밀번호 | **是** shì ~이다
多少 duōshao 얼마 | **免费** miǎnfèi 무료로 하다 | **的** de ~인 것

조금 조용한 객실로
욕조가 있는 객실로

방을 바꾸고 싶어요
我想换房间
[Wǒ xiǎng huàn fángjiān]

숙소에서 방을 바꾸고 싶을 때는 어떻게 말할까요? '~하고 싶다'라는 想 xiǎng 과 '바꾸다'라는 换 huàn 만 알아 두세요. 想换 xiǎng huàn 은 '바꾸고 싶다'라는 의미로, 뒤에 '방'을 뜻하는 房间 fángjiān 만 붙여 주면 완성! 想换은 쓰임이 많은 표현이니 아래 예문으로 더 알아봐요.

적중훈련

생활 속에서 또 어떤 것들을 바꾸고 싶은가요? '想+换+바꾸는 대상' 패턴으로 연습해 봐요.

- 我想换手机。 Wǒ xiǎng huàn shǒujī. 휴대폰을 바꾸고 싶어요.
- 我想换座位。 Wǒ xiǎng huàn zuòwèi. 좌석을 바꾸고 싶어요.
- 我想换工作。 Wǒ xiǎng huàn gōngzuò. 직업을 바꾸고 싶어요.

手机 shǒujī 휴대폰 | 座位 zuòwèi 좌석 | 工作 gōngzuò 직업

어제까지는 문제 없이 나오던
혼자 있으면 무서워서 TV를 꼭 켜 둬야 하는데

TV가 고장 났어요

电视坏了

[Diànshì huài le]

호텔의 서비스가 엉망이면 기분이 좋지 않겠죠? 방에 고장 난 집기가 있을 때를 대비해 이 표현을 외워 두세요. …坏了…huài le는 '고장 나다, 망가지다'라는 의미로, 고장 난 TV나 에어컨, 변기 등의 사물 뒤에 붙여서 불편한 점을 말하면 됩니다.

적중훈련

坏了를 사용한 다른 표현들도 알아봐요.

- 房卡坏了。 Fáng kǎ huài le. 방 카드가 고장 났어요.
- 空调坏了。 Kōngtiáo huài le. 에어컨이 고장 났어요.
- 坐便器坏了。 Zuò biànqì huài le. 변기가 고장 났어요.

电视 diànshì TV | 坏 huài 고장 나다 | 了 le (변화·완료 어기조사)
房卡 fángkǎ 카드 키 | 空调 kōngtiáo 에어컨 | 坐便器 zuò biànqì 좌변기

*혼자 온 것도 서러운데
난방기가 고장 났나 봐요*

방이 너무 추워요

房间太冷了

[Fángjiān tài lěng le]

여행까지 와서 추운 방 때문에 감기 걸리면 안 되겠죠? '너무 ~하다'라는 **太…了** tài…le 사이에 '춥다'라는 형용사 **冷** lěng을 넣어 주니 '너무 추워요'라는 **太冷了** Tài lěng le.가 완성되네요. 객실에 불만 사항이 있다면 앞에 **房间** fángjiān만 붙여서 중국어로 말해 보세요.

> **적중훈련**

호텔에서 불만 사항을 말하는 다른 표현들도 알아봐요.

- 隔壁太吵了。 Gébì tài chǎo le. 옆방이 너무 시끄러워요.
- 没(有)热水了。 Méi(yǒu) rè shuǐ le. 따뜻한 물이 안 나와요.

房间 fángjiān 방 | 隔壁 gébì 옆집 | 吵 chǎo 시끄럽다 | 没(有) méi(yǒu) 없다 | 热 rè 뜨겁다 | 水 shuǐ 물

잘 쉬다가 갑니다
방은 아주 깨끗하게 사용했어요

체크아웃할게요

我要退房

[Wǒ yào tuìfáng]

'체크아웃하다'는 **退房** tuìfáng이라고 해요. 한자 그대로 읽으면 '퇴방'입니다. 우리는 '퇴실'이라고 말하지만 중국은 '퇴방'으로 쓰는 게 일반적이에요. 보증금을 현금으로 지불했다면 반드시 그 자리에서 돌려받고 카드로 결제한 보증금은 후에 취소 처리가 될 거예요.

적중훈련

🧑 我要退房。 체크아웃할게요.
　Wǒ yào tuìfáng.

🛎 好, 这是您的账单。 네. 여기 계산서입니다.
　Hǎo, zhè shì nín de zhàngdān.

| 要 yào ~하려 하다 | 好 hǎo 그래, 오케이 | 这 zhè 이것 | 是 shì ~이다 | 的 de ~의 것 | 账单 zhàngdān 계산서 |

아직 여행 일정이 끝나지 않아서요
체크아웃하고 잠시 다녀올 곳이 있어요

짐 보관 부탁드려요
请保管行李
[Qǐng bǎoguǎn xíngli]

체크아웃을 하고 호텔에 짐을 맡기는 경우가 있죠. 이때는 호텔 직원에게 "짐 보관 부탁드려요"라고 말해 보세요. 공손하게 맨 앞에 **请** qǐng을 붙이고 '보관하다'라는 **保管** bǎoguǎn과 '짐'을 뜻하는 **行李** xíngli만 순서대로 나열하면 돼요. 짧은 한마디로 남은 일정이 훨씬 가볍고 편안해진답니다.

적중훈련

호텔 직원에게 짐 보관을 부탁한 후 덧붙일 수 있는 표현들도 알아봐요.

- 三点来取的。 Sān diǎn lái qǔ de. 세 시에 찾으러 올게요.
- 这是小费。 Zhè shì xiǎofèi. 이건 팁이에요.

请 qǐng 청하다 | 点 diǎn 시(時) | 来 lái 오다 | 取 qǔ 취하다 | 小费 xiǎofèi 팁(tip)

버스를 타야 하는데
실례합니다, 길 좀 묻겠습니다

정류장은 어디 있어요?
车站在哪儿?
[Chē zhàn zài nǎr?]

'버스 정류장'인 公交车站 gōngjiāo chē zhàn은 줄여서 车站 chē zhàn으로 부르기도 해요. 교통수단 뒤에 站 zhàn만 붙이면 '~역'이 된답니다. 그리고 '어디에 있어요?'라는 在哪儿? Zài nǎr?은 활용도가 높아요. '장소/사람/사물+在哪儿?' 패턴만 알면 찾고자 하는 게 어디 있는지 물어볼 수 있습니다.

적중훈련

'교통수단+站'은 '~역'이 된다고 배웠죠? 단어를 통해 어떻게 사용되는지 알아봐요.

- 火车站 huǒchē zhàn 기차역
- 地铁站 dìtiě zhàn 지하철역
- 长途汽车站 chángtú qìchē zhàn 시외버스 정류장

公交车 gōngjiāo chē 버스 | 车 chē 자동차 | 在 zài ~에 있다 | 哪儿 nǎr 어디(의문대사) |
火车 huǒchē 기차 | 地铁 dìtiě 지하철 | 长途汽车 chángtú qìchē 시외버스

장거리 버스를 타기 전 필수 코스
만리장성을 오르는데 갑자기 아파 오는 아랫배

화장실은 어디 있어요?

厕所在哪儿?

[Cèsuǒ zài nǎr?]

중국어로 '화장실'을 가리키는 여러 단어 중 흔히 쓰는 것만 정리해 봐요.

- 洗手间 xǐshǒu jiān 화장실   [세면대가 있는 화장실]
- 卫生间 wèishēng jiān 화장실   [지역·장소 구분 없이 널리 사용함]
- 厕所 cèsuǒ 화장실, 변소   [관광지에서 볼 수 있으며 세면대가 없는 경우도 있음]

적중훈련

화장실 관련 표현들도 알아봐요.

- 有厕所吗? Yǒu cèsuǒ ma? 화장실 있어요?
- 我要去厕所。 Wǒ yào qù cèsuǒ. 화장실 좀 다녀올게요.
- 厕所不干净。 Cèsuǒ bù gānjìng. 화장실이 깨끗하지 않아요.

洗 xǐ 씻다 | 手 shǒu 손 | 间 jiān 방 | 卫生 wèishēng 위생적이다 | 有 yǒu 있다
吗 ma (의문조사) | 要 yào ~하려 하다 | 去 qù 가다 | 不 bù 아니다 | 干净 gānjìng 깨끗하다

표지판을 봐도 잘 모르겠는데
근처에는 도착했는데 어느 방향으로 가야 할지

공원은 어떻게 가나요?

公园怎么走?

[Gōngyuán zěnme zǒu?]

'장소+怎么走?' 패턴은 '(장소)는 어떻게 가나요?'라고 길을 묻는 말로, 怎么 走?Zěnme zǒu?의 走는 '걷다'라는 뜻이에요. 걸어서 가는 방법, 즉 가까운 장소의 이동 경로를 묻는 질문이죠. 이 말을 들은 중국인이라면 직진이나 좌·우회전 등을 하라고 대답할 거예요.

적중훈련

우리말로 모두 '어떻게 가나요?'라고 해석되는 怎么走?와 怎么去?의 차이점을 알아봐요.

- 怎么走? Zěnme zǒu? 어떻게 가나요?   [이동 경로 질문] → 대답: 직진, 좌·우회전 등
- 怎么去? Zěnme qù? 어떻게 가나요?   [이동 수단 질문] → 대답: 도보, 운전, 지하철 등

公园 gōngyuán 공원 | 怎么 zěnme 어째서, 어떻게(의문대명사) | 去 qù 가다

그림 같은 경치를 바라보며
중국의 명산인 '황산'을 감상하며

풍경이 정말 아름다워요
风景真美
[Fēngjǐng zhēn měi]

风景真美

风景 fēngjǐng은 한자 그대로 읽으면 '풍경'이에요. 한자도 뜻도 우리말과 똑같은 반가운 단어죠. 중국은 넓은 영토만큼이나 근사한 풍경의 관광지가 많아요. 감탄이 저절로 나오는 경치를 봤을 때는 '아름답다'라는 美 měi를 써서 风景(真)美。Fēngjǐng (zhēn) měi. 라고 하면 됩니다.

적중훈련

아름다운 경치를 봤을 때 사용할 수 있는 다른 표현들도 알아봐요.

- 风景(真)不错。 Fēngjǐng (zhēn) bú cuò. 풍경이 (진짜로) 좋네요.
- 夜景(真)漂亮。 Yèjǐng (zhēn) piàoliang. 야경이 (진짜로) 예뻐요.
- 这里(真)有名。 Zhèlǐ (zhēn) yǒumíng. 여기 (진짜로) 유명해요.

真 zhēn 진짜로 | 不错 bú cuò (상당히) 좋다 | 夜景 yèjǐng 야경
漂亮 piàoliang 예쁘다 | 这里 zhèlǐ 여기 | 有名 yǒumíng 유명하다

제가 혼자 여행을 와서요
저희 신혼여행 왔는데 투 샷으로

사진 좀 찍어 주세요

请帮我拍照

[Qǐng bāng wǒ pāi zhào]

여행지에 가면 빠질 수 없는 게 사진이죠. 카메라만 내밀지 말고 정중한 중국어로 부탁해 보세요. **拍照** pāi zhào는 '사진을 찍다'라는 의미예요. 앞에 영어의 Please help me.와 같은 **请帮我** qǐng bāng wǒ만 붙여 주면 사진을 찍어 달라고 부탁하는 정중한 말이 됩니다.

적중훈련

请帮我拍照。 사진 좀 찍어 주세요.
Qǐng bāng wǒ pāi zhào.

好啊, 我帮你拍照。 좋아요, 제가 찍어 드릴게요.
Hǎo a, wǒ bāng nǐ pāi zhào.

请 qǐng 청하다 | 帮 bāng 돕다 | 好 hǎo 그래, 오케이 | 啊 a (긍정의 어기조사)

자, 찍습니다
모두 여기 보시고

하나 둘 셋, 김치

一二三，茄子
[Yī èr sān, qiézi]

우리가 사진을 찍을 때 하는 말 '김치~'의 중국어 버전은 뭘까요? 바로 茄子 qiézi입니다. '가지'라는 뜻이에요. 茄子를 발음해 보세요. 입꼬리가 옆으로 예쁘게 올라가죠? 茄子가 가장 보편적이지만 셔터가 터지는 순간, 모두를 빵 터지게 하고 싶다면 '돈'을 뜻하는 钱 qián을 외쳐 보세요!

적중훈련

사진을 찍을 때 사용할 수 있는 다른 표현들도 알아봐요.

- 笑一笑。 Xiào yi xiào. 웃어요.
- (请)靠近(一)点。 (Qǐng) kào jìn (yì)diǎn. 좀 붙어 서세요.
- 我们合影吧。 Wǒmen héyǐng ba. 우리 단체로 찍어요.

笑 xiào 웃다 | 靠近 kào jìn 가까이 가다 | (一)点 (yì)diǎn 조금
合影 héyǐng 함께 사진을 찍다 | 吧 ba (청유·명령 어기조사)

기사님, 아쉽지만
트렁크에 짐은 다 실었고

공항으로 가 주세요

请到机场

[Qǐng dào jīchǎng]

우리와 마찬가지로 중국에서도 택시를 타면 목적지만 정확하게 말하면 됩니다. 택시에서 가장 먼저 **师傅** shīfu 라고 '기사님'을 불러 주세요. 그리고 '(**请**)+**到**+장소' 패턴을 써서 목적지를 말하면 돼요. 이때 **到** dào는 '~에 이르다'라는 뜻입니다.

적중훈련

您到哪儿去? 어디로 모실까요?　　　　　　　　　　[이때 到는 '~까지' 뜻]
Nín dào nǎr qù?

(请)到机场。 공항으로 가 주세요.　　　　　　　　[이때 到는 '~에 이르다' 뜻]
(Qǐng) dào jīchǎng.

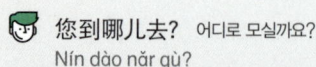
请 qǐng 청하다 | 机场 jīchǎng 공항 | 哪儿 nǎr 어디(의문대사) | 去 qù 가다

여기에서 거기까지
숙소에서 천안문 광장까지

얼마나 걸려요?

要多长时间?

[Yào duō cháng shíjiān?]

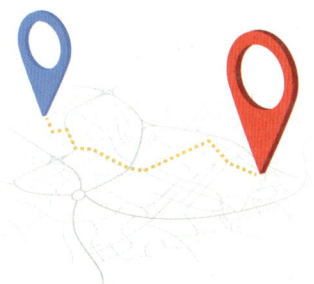

要 yào의 '필요하다'라는 뜻이 时间 shíjiān과 함께 쓰이면 '~만큼의 시간이 소요되다'라는 말이 돼요. 그리고 多长 duō cháng은 '얼마나 긴'이라는 의미니까 要多长时间? Yào duō cháng shíjiān?은 '(시간이) 얼마나 걸려요?'라는 질문이에요. 소요 시간이 궁금한 모든 상황에서 쓸 수 있답니다.

적중훈련

要多长时间? 전체를 다른 단어와 함께 사용할 수도 있어요. 예문으로 알아볼까요?

- 走路去要多长时间? Zǒu lù qù yào duō cháng shíjiān? 걸어서 가면 얼마나 걸려요?
- 学开车要多长时间? Xué kāi chē yào duō cháng shíjiān? 운전 배우는 데 얼마나 걸려요?

时间 shíjiān 시간 | 走 zǒu 걷다 | 路 lù 길 | 学 xué 배우다 | 开车 kāi chē 운전하다

음식 주문한지 1시간이 다 되어 가는데
비행기 시간이 얼마 안 남았는데 공항까지

빨리 좀 부탁드려요

请快点
[Qǐng kuài diǎn]

快(一)点。Kuài (yì)diǎn. 을 풀어 보면 '빠르다(快 kuài)+조금(一点 yìdiǎn)=좀 빨리요'예요. 맨 앞에 '청하다'라는 공손의 표현인 请 qǐng만 붙여 주면 '빨리 좀 부탁드려요'라는 말이 돼죠. 请快(一)点。Qǐng kuài (yì)diǎn. 은 준비가 늦는 친구에게 혹은 택시나 식당 등의 급한 상황에서 모두 쓸 수 있어요.

적중훈련

- 请快(一)点。 빨리 좀 부탁드려요.
  Qǐng kuài (yì)diǎn.
- 等等, 马上马上。 잠깐만요, 금방 됩니다.
  Děng děng, mǎshàng mǎshàng.

等 děng 기다리다 | 马上 mǎshàng 금방

가파른 계단을 오르내릴 때
아이와 함께 하는 여행이라면 더 각별히

안전에 주의하세요
请注意安全
[Qǐng zhùyì ānquán]

우리말과 똑 같은 한자가 쓰인 말이에요. **注意** zhùyì 는 '주의하다', **安全** ānquán 은 '안전'이라는 뜻으로 발음도 굉장히 비슷하답니다. MP3 파일을 들어 보면 우리말처럼 들릴 거예요. 중국의 지하철이나 백화점 등의 안내 방송에서 쉽게 접할 수 있어요.

적중훈련

중국의 표지판이나 안내 방송에서 접할 수 있는 다른 주의 문구들도 알아봐요.

- 小心台阶。 Xiǎoxīn táijiē. 계단 조심하세요.
- 小心地滑。 Xiǎoxīn dì huá. 미끄러우니 조심하세요.
- 小心碰头。 Xiǎoxīn pèng tóu. 머리 조심하세요.

请 qǐng 청하다 | 小心 xiǎoxīn 조심하다 | 台阶 táijiē 계단
地 dì 바닥 | 滑 huá 미끄럽다 | 碰 pèng 부딪치다 | 头 tóu 머리

연습문제

빈칸에 알맞은 중국어를 넣어 말해 보세요.

01 나 여행 갈 거예요. 我 _____ 旅行。

02 몇 박 며칠이요? _____ 天 _____ 夜呢?

03 방 있어요? 有 _____ 吗?

04 체크인할게요. 我要 _____ 。

05 와이파이 있어요? _____ Wi-Fi吗?

06 방을 바꾸고 싶어요. 我 _____ 房间。

07 TV가 고장 났어요. 电视 _____ 。

08 방이 너무 추워요. 房间 _____ 了。

09 체크아웃할게요. 我要 _____ 。

10 짐 보관 부탁드려요. 请 _____ 行李。

정답 01. 我**要去**旅行 Wǒ yào qù lǚxíng 02. **几**天**几**夜呢 Jǐ tiān jǐ yè ne 03. 有**房间**吗 Yǒu fángjiān ma 04. 我要**入住** Wǒ yào rùzhù 05. **有**Wi-Fi吗 Yǒu Wi-Fi ma 06. 我**想换**房间 Wǒ xiǎng huàn fángjiān 07. 电视**坏了** Diànshì huài le 08. 房间**太冷**了 Fángjiān tài lěng le 09. 我要**退房** Wǒ yào tuìfáng 10. 请**保管**行李 Qǐng bǎoguǎn xíngli

11 정류장은 어디 있어요?　　　_____ 在哪儿?

12 화장실은 어디 있어요?　　　厕所在_____?

13 공원은 어떻게 가나요?　　　公园_____走?

14 풍경이 정말 아름다워요.　　　风景_____。

15 사진 좀 찍어 주세요.　　　请_____我_____。

16 하나 둘 셋, 김치.　　　一二三, _____。

17 공항으로 가 주세요.　　　请_____机场。

18 얼마나 걸려요?　　　要_____时间?

19 빨리 좀 부탁드려요.　　　请_____。

20 안전에 주의하세요.　　　_____注意_____。

정답　11. 车站在哪儿 Chē zhàn zài nǎr　12. 厕所在哪儿 Cèsuǒ zài nǎr　13. 公园怎么走 Gōngyuán zěnme zǒu　14. 风景真美 Fēngjǐng zhēn měi　15. 请帮我拍照 Qǐng bāng wǒ pāi zhào　16. 一二三，茄子 Yī èr sān, qiézi　17. 请到机场 Qǐng dào jīchǎng　18. 要多长时间 Yào duō cháng shíjiān　19. 请快点 Qǐng kuài diǎn　20. 请注意安全 Qǐng zhùyì ānquán

☑ 이번 장에서는
무엇을 배울까요?

我要扫码付款。

QR코드로 결제할게요.

09
CHAPTER

쇼핑과 여가

씩씩하게 쇼핑과 여가를 즐겨요

나 뭐 좀 사야 돼
어떤 신상 나왔는지 궁금해

> 우리 쇼핑하자

我们逛街吧

[Wǒmen guàng jiē ba]

逛街 guàng jiē 는 복잡해 보이지만 한자를 살펴보면 쉬워요. '狂(미칠 광)+辶(쉬엄쉬엄 갈 착)=逛 guàng'은 '미친 듯이 돌아다니다', 여기에 '거리'라는 街 jiē 를 더해보니 '거리를 (미친 듯이) 돌아다니다'라는 의미가 되네요. 그래서 '구매'보다는 '구경하다', '윈도 쇼핑'의 의미로 더 많이 쓰여요.

적중훈련

🙍‍♀️ 我们逛街吧。 우리 쇼핑하자.
Wǒmen guàng jiē ba.

🙍‍♂️ 你要买什么? 뭐 사려고?
Nǐ yào mǎi shénme?

吧 ba (청유·명령 어기조사) | 要 yào ~하려 하다 | 买 mǎi 사다 | 什么 shénme 무엇(의문대사)

꼭 가 보고 싶은 숍인데
내일 급하게 선물을 사야 하는데

> 몇 시에 문 열어요?

几点开门?

[Jǐ diǎn kāi mén?]

开门 kāi mén은 글자 그대로 '문을(门) 열다(开)'라는 의미 외에 '영업을 시작하다'라는 의미도 있어요. 우리말과 참 비슷하죠? 우리도 영업 시작을 물을 때 '몇 시에 문 열어요?'라고 하잖아요. 几 jǐ는 '몇'이라는 숫자를 묻는 의문대사이고 点 diǎn은 시각의 '시(時, o'clock)'를 뜻해요.

적중훈련

几点? 패턴을 사용한 다른 표현들도 알아봐요.

- 几点关门? Jǐ diǎn guān mén? 몇 시에 문 닫아요?
- 几点开始? Jǐ diǎn kāishǐ? 몇 시에 시작해요?
- 几点结束? Jǐ diǎn jiéshù? 몇 시에 끝나요?

关门 guān mén 문을 닫다, 영업을 마치다 | 开始 kāishǐ 시작하다 | 结束 jiéshù 끝나다

꼭 살 생각은 없어요
어떤 물건들이 있는지

먼저 좀 볼게요

先看一看

[Xiān kàn yi kàn]

동사를 중첩하면 '좀 ~해 보다'라는 시도의 의미를 나타낼 수 있어요. 그래서 看一看 kàn yi kàn 은 '좀 보다'라는 의미예요. 看과 같은 1음절 동사를 중첩할 때는 一 yi ^{이때 一는 경성}를 가운데 넣어서 어감을 자연스럽게 하거나 一를 생략해도 동일한 의미입니다.

적중훈련

1음절 동사의 다른 중첩 표현들도 알아봐요.

- 写(一)写。 Xiě (yi) xiě. 좀 써 보다.
- 听(一)听。 Tīng (yi) tīng. 좀 들어 보다.
- 说(一)说。 Shuō (yi) shuō. 좀 말해 보다.

先 xiān 앞, 전 | 看 kàn 보다 | 写 xiě 쓰다 | 听 tīng 듣다 | 说 shuō 말하다

이 옷 사이즈가 맞는지
이 신발 볼이 좁아 보이는데

입어 봐도 될까요?

可以试试吗?

[Kěyǐ shì shi ma?]

동사의 중첩은 시도의 의미도 있다고 배웠죠? 试试 shì shi 은 '시험 삼아 좀 해 보다'라는 의미예요. '可以+동사+吗?' 패턴에 대입하면 '시험 삼아 좀 해 봐도 될까요?'라는 허락을 구하는 질문이 됩니다. 상점에서 이 말을 쓰면 제품을 착용 및 테스트할 수 있는지 물어보는 거예요.

적중훈련

可以试试吗? 입어 봐도 될까요?
Kěyǐ shì shi ma?

当然可以。 되고 말고요.
Dāngrán kěyǐ.

可以 kěyǐ ~해도 된다 | 试 shì 시험 삼아 해 보다 | 吗 ma (의문조사) | 当然 dāngrán 당연히

이 옷은 입어 보니
이 신발은 신어 보니 발 볼이

좀 큰 것 같아요

好像有点大
[Hǎoxiàng yǒu diǎn dà]

확신은 아니지만 '아무래도 그런 것 같다'와 같은 어감을 주고 싶을 때는 **好像** hǎoxiàng 을 쓰면 됩니다. 그리고 '**有点**+동사/형용사'는 '좀 ~(동사/형용사) 하다'라는 의미예요. **有点** yǒu diǎn 뒤에 사이즈가 크면 형용사 **大** dà 를, 작으면 **小** xiǎo 를 넣어서 말해 보세요.

적중훈련

제품 사이즈를 선택할 때 필요한 표현들을 모아 봤어요.

- 正好。 Zhènghǎo. 딱 맞아요.
- 给我大一号。 Gěi wǒ dà yí hào. 한 치수 큰 거 주세요.
- 给我小一号。 Gěi wǒ xiǎo yí hào. 한 치수 작은 거 주세요.

好像 hǎoxiàng 마치 ~와 같다 | **有点** yǒu diǎn 조금 | **大** dà 크다 |
小 xiǎo 작다 | **给** gěi (~에게) ~을 주다 | **号** hào 호, 사이즈

색깔이 마음에 안 들어요
이 물건과 비슷한 가격대의

다른 것도 있나요?

有没有别的?
[Yǒu méi yǒu bié de?]

有没有别的?

긍정의 **有** yǒu 와 부정의 **没有** méiyǒu 를 나란히 놓으니 '정반의문문'이 되네요. 경상도 사투리를 떠올려 보세요. "있나 없나?", "이해 됐나 안 됐나?", 이해가 쏙쏙 되죠? 没有는 빼고 의문문이니까 문장 끝에 **吗**ma만 붙여서 **有别的吗?** Yǒu bié de ma? 라고 해도 같은 말이에요.

적중훈련

정반의문문 '서술어+不/没+서술어' 패턴의 다른 표현들도 알아봐요.

- **去不去?** Qù bu qù? 가요 안 가요?
- **好不好?** Hǎo bu hǎo? 좋아요 안 좋아요?
- **难不难?** Nán bu nán? 어려워요 안 어려워요?

有 yǒu 있다 | 没(有) méi(yǒu) 없다 | 别的 bié de 다른 것
吗 ma (의문조사) | 去 qù 가다 | 不 bù 아니다 | 好 hǎo 좋다 | 难 nán 어렵다

이거 전부 다 해서
숙소에서 공항까지 택시 요금이

얼마예요?

多少钱?

[Duōshao qián?]

多少钱?

가격을 묻는 대표적인 표현은 **多少钱?**과 **怎么卖?**가 있어요. 차이를 살펴볼까요?

- 얼마(多少)+돈(钱) = **多少钱?** Duōshao qián? 얼마예요? [주로 정찰 품목]
- 어떻게(怎么)+팔다(卖) = **怎么卖?** Zěnme mài? 어떻게 팔아요? [주로 무게를 달아 파는 물건]

적중훈련

세일과 관련된 표현들도 알아봐요.

- 打折吗? Dǎzhé ma? 세일하나요?
- 打几折? Dǎ jǐ zhé? 몇 프로 세일하나요?
- 打7折。 Dǎ qī zhé. 70%의 가격으로 판매해요. / 30% 세일해요.

打折 dǎzhé 가격을 깎다 | 吗 ma (의문조사) | 几 jǐ 몇(수량 의문대사)

입소문 팍팍 낼게요
다음에는 친구들 왕창 데리고 올게요

깎아 주세요

便宜点

[Piányi diǎn]

요즘은 정찰제로 운영되는 곳도 많지만 그렇지 않은 곳은 물건을 살 때 여전히 흥정이 필수입니다. '동사/형용사+(一)点'은 '좀 ~(동사/형용사)해 주세요' 또는 '좀 ~(동사/형용사)하세요'라는 의미예요. 가격이 '싸다'라는 뜻의 **便宜** piányi 와 함께 쓰면 '좀 싸게 해 주세요', '깎아 주세요'라는 말입니다.

적중훈련

가격을 흥정할 때 사용할 수 있는 다른 표현들을 알아봐요.

- 太贵了。 Tài guì le. 너무 비싸요.
- 买不起。 Mǎi bu qǐ. (너무 비싸서 or 돈이 없어서) 살 수 없어요.
- 最低多少钱? Zuì dī duōshao qián? (나에게 줄 수 있는) 최저가는 얼마예요?

(一)点 (yì)diǎn 조금 | 太…了 tài…le 너무 ~하다 | 贵 guì 비싸다 | 买 mǎi 사다
不起 buqǐ ~할 수 없다 | 最 zuì 가장 | 低 dī 낮다 | 多少 duōshao 얼마 | 钱 qián 돈

지금 현금이 없네요
중국은 요즘 이 결제 시스템이 대세죠

QR코드로 결제할게요

我要扫码付款

[Wǒ yào sǎo mǎ fù kuǎn]

중국은 모바일 결제가 굉장히 일반화되어 있다는 사실, 들어 보셨나요? 일반 상점은 물론이고 노점상 결제와 축의금 송금까지도 가능하답니다. 扫(二维)码 sǎo (èrwéi) mǎ 는 'QR코드를 스캔하다', 付款 fù kuǎn 은 '돈을 지불하다'라는 의미니까 이 둘을 함께 쓰면 'QR코드로 결제하다'라는 말이에요.

적중훈련

중국 상점에서 가능한 다른 결제 방법들도 알아봐요.

- 付现金 fù xiànjīn 현금 지불 / 刷卡 shuā kǎ 카드 결제
- 支付宝 zhīfùbǎo 알리 페이 / 微信支付 wēixìn zhīfù 위챗 페이 [대표 모바일 결제 서비스*]

* 계좌를 연동한 후 본인의 휴대폰에 저장된 QR코드나 바코드를 스캔하여 송금하는 방식

要 yào ~하려 하다 | 扫 sǎo 스캔하다 | 二维码 èrwéi mǎ QR코드 |
付 fù (돈을) 지불하다 | 款 kuǎn 돈 | 现金 xiànjīn 현금

중국에서 택시를 이용할 때
마트에서 계산하고 나올 때

영수증 주세요

我要发票
[Wǒ yào fāpiào]

'~주세요'에 해당하는 공손한 표현은 앞에서 请给我 qǐng gěi wǒ 라고 여러 번 공부했죠? 이번에는 我要 wǒ yào 를 써서 '~주세요'라고 해석했네요. 두 표현 모두 필요한 것을 달라고 요구할 때 쓸 수 있어요. 请给我가 더 공손하고, 我要는 보다 가벼운 어감입니다.

적중훈련

到了。 (택시 기사님 日) 도착했습니다.
Dào le.

我要发票。 영수증 주세요.
Wǒ yào fāpiào.

请 qǐng 청하다 | 给 gěi (~에게) ~을 주다 | 要 yào 원하다
发票 fāpiào 영수증 | 到 dào 도착하다 | 了 le (변화·완료 어기조사)

선물할 거니까 예쁘게
상품이 흐트러지지 않게 잘

포장해 주세요

请包装好

[Qǐng bāozhuāng hǎo]

包装 bāozhuāng 은 중국어와 한국어 모두 '포장하다'라는 뜻을 가지고 있어요. 풀어 보니 '싸다(包 bāo)+꾸미다(装 zhuāng)=예쁘게 꾸며 싸서 포장하다'라는 의미네요. 문장 맨 끝의 好 hǎo 는 앞에 나온 동사 包装을 '잘하다, 다하다'라고 보충해 주는 역할을 해요.

적중훈련

동사 뒤에서 '잘하다, 다하다'는 의미로 동사를 보충하는 결과보어 好, 예문으로 더 알아볼까요?

- 做好了。 Zuò hǎo le. 다 했어요.
- 准备好了。 Zhǔnbèi hǎo le. 준비 다됐어요.
- 先准备好。 Xiān zhǔnbèi hǎo. 먼저 다 준비하세요.

请 qǐng 청하다　做 zuò ~하다　准备 zhǔnbèi 준비하다　了 le (변화·완료 어기조사)　先 xiān 먼저

제품에 문제가 있어요
집에 가서 다시 입어 보니 저한테 안 어울려요

> 교환되나요?

可以换货吗?

[Kěyǐ huàn huò ma?]

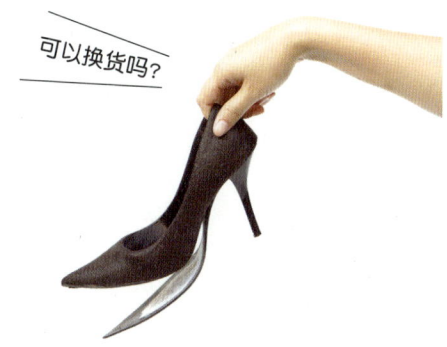

可以换货吗?

货 huò 는 '재화 화'예요. '물품, 상품'이라는 뜻이죠. 앞에 '바꾸다'라는 换 huàn 이 붙으니 '물건을 바꾸다, 교환하다'라는 의미가 되네요. '교환되나요?'라고 물어봐야 하니까 상대방의 허락을 구하는 패턴 可以…吗? Kěyǐ…ma? 와 함께 쓰면 끝!

적중훈련

환불과 구매 취소를 문의하는 표현들도 알아봐요.

- 可以**退款**吗? Kěyǐ tuì kuǎn ma? 환불 **되나요**?
- 可以**取消购买**吗? kěyǐ qǔxiāo gòumǎi ma? 구매 취소**되나요**?

可以 kěyǐ ~해도 된다 | 吗 ma (의문조사)
退款 tuì kuǎn 환불하다 | 取消 qǔxiāo 취소하다 | 购买 gòumǎi 구매하다

취미가 같으면 함께해 보고 싶어요
취미가 달라도 당신과 같이 하고 싶어요

> 무슨 취미가 있어요?

有什么爱好?
[Yǒu shénme àihào?]

爱好 àihào 는 '취미'라는 뜻으로, 好 hào 를 4성으로 읽는 게 특징이에요. '무슨 취미가 있어요?'라고 물어볼 때는 위 문장처럼 '있다'라는 有 yǒu 동사를, '취미가 뭐예요?'라고 물어볼 때는 '~이다'라는 是 shì 동사를 써서 爱好是什么? Àihào shì shénme? 라고 말하면 돼요.

적중훈련

- 有什么爱好? 무슨 취미가 있어요?
  Yǒu shénme àihào.
- 我的爱好是唱歌。 내 취미는 노래 부르는 거예요.
  Wǒ de àihào shì chànggē.

什么 shénme 무엇(의문대명사) | 的 de ~의 것 | 唱歌 chànggē 노래 부르다

한국 배우들은 하나같이 멋지고 예뻐서
한국드라마를 안 보면 대화에 낄 수가 없어서

나는 한국드라마를 즐겨 봐요
我爱看韩剧
[Wǒ ài kàn hánjù]

爱 ài 는 '사랑하다'라고 많이 알고 있죠? '즐기다, 즐겨 하다'라는 뜻도 있어요. 이때는 '爱＋동사' 패턴으로 써서 爱看 ài kàn 이라고 하면 '즐겨 보다'라는 의미예요. 喜欢 xǐhuan 으로는 부족할 만큼 무언가를 즐겨 할 때는 爱를 기억해 주세요. 韩剧 hánjù는 韩国电视剧 Hánguó diànshì jù 의 줄임말이에요.

적중훈련

'爱＋동사' 패턴의 다른 표현들도 알아봐요.

- 我爱吃肉。 Wǒ ài chī ròu. 나는 고기를 즐겨 먹어요.
- 我爱去爬山。 Wǒ ài qù páshān. 나는 등산을 즐겨 가요.
- 我爱听音乐。 Wǒ ài tīng yīnyuè. 나는 음악을 즐겨 들어요.

看 kàn 보다 | 韩国 Hánguó 한국 | 电视剧 diànshì jù TV 드라마 | 吃 chī 먹다 | 肉 ròu 고기 | 去 qù 가다 | 爬山 páshān 등산하다 | 听 tīng 듣다 | 音乐 yīnyuè 음악

분위기 있는 영화관에 가는 게 좋아서
가끔은 영화 보는 것보다 팝콘 먹는 맛에

나는 영화 보는 걸 좋아해요
我喜欢看电影
[Wǒ xǐhuan kàn diànyǐng]

앞서 '爱+동사' 패턴을 배웠죠? '喜欢+동사' 패턴도 배워 봐요. '~(동사)하는 것을 좋아하다'라는 의미예요. 喜欢 xǐhuan 뒤에는 동사 외에도 사람이나 사물 등의 명사를 써도 됩니다. 그래서 我喜欢看电影。Wǒ xǐhuan kàn diànyǐng. 은 '나는 영화 보는 걸 좋아해요', 我喜欢电影。Wǒ xǐhuan diànyǐng. 은 '나는 영화를 좋아해요'라는 말이에요.

적중훈련

'喜欢+동사' 패턴의 다른 표현들도 알아봐요.

- 我喜欢喝咖啡。 Wǒ xǐhuan hē kāfēi. 나는 커피 마시는 걸 좋아해요.
- 我喜欢听音乐。 Wǒ xǐhuan tīng yīnyuè. 나는 음악 듣는 걸 좋아해요.
- 我喜欢玩手机。 Wǒ xǐhuan wán shǒujī. 나는 휴대폰 가지고 노는 걸 좋아해요.

喜欢 xǐhuan 좋아하다 | 看 kàn 보다 | 电影 diànyǐng 영화 | 喝 hē 마시다 | 咖啡 kāfēi 커피 |
听 tīng 듣다 | 音乐 yīnyuè 음악 | 玩 wán (손에 가지고) 놀다 | 手机 shǒujī 휴대폰

주말에는 무조건 조기 축구를 하러 가는
밤을 새더라도 유럽 축구 중개는 본방 사수하는

> 그는 축구 마니아예요

他是球迷

[Tā shì qiú mí]

迷 mí 는 '미로, 미궁'의 '미혹될 미'예요. 무언가에 깊이 빠진 사람에게 '마니아(mania)', '광'을 붙여서 부르듯이 중국어에서는 迷가 그 역할을 해요. 그래서 '축구 마니아'라는 (足)球迷 (zú)qiú mí 가 되었죠. 이 문장의 是 는 '〜이다'라는 뜻이에요. 'A+是+B ⇒ A=B ⇒ A는 B이다' 공식, 기억나죠?

적중훈련

迷를 사용한 다른 표현들도 알아봐요.

- 她是书迷。 Tā shì shū mí. 그녀는 독서광이에요.
- 我是车迷。 Wǒ shì chē mí. 나는 자동차 마니아예요.
- 最近迷上了。 Zuìjìn mí shàng le. 요즘 꽂혔어요.

足球 zúqiú 축구 | 迷 mí 심취하다, 마니아 | 书 shū 책 | 车 chē 자동차 |
最近 zuìjìn 요즘 | 上 shàng ~하게 되다 | 了 le (변화·완료 어기조사)

아침 6시에 수영장에 가서
건강하고 균형 잡힌 몸을 위해

나 수영 배워요

我学游泳

[Wǒ xué yóuyǒng]

무언가를 배우는 건 중국어로 어떻게 말할까요? '学+배우는 것' 패턴을 쓰면 돼요. 学 xué 는 '배우다', '익히다'라는 뜻입니다. 그래서 수영을 배운다면 学游泳 xué yóuyǒng 이라고 말하면 되겠죠? '1대1 강습'은 一对一学习 yī duì yī xuéxí, '그룹 수업'은 班级课 bānjí kè라고 해요.

적중훈련

'学+배우는 것' 패턴의 다른 표현들도 알아봐요.

- 我学网球。 Wǒ xué wǎngqiú. 나 테니스 배워요.
- 我学高尔夫。 Wǒ xué gāo'ěrfū. 나 골프 배워요.
- 我学保龄球。 Wǒ xué bǎolíngqiú. 나 볼링 배워요.

游泳 yóuyǒng 수영 | 学习 xuéxí 학습하다 | 班级 bānjí 반 | 课 kè 수업
网球 wǎngqiú 테니스 | 高尔夫 gāo'ěrfū 골프 | 保龄球 bǎolíngqiú 볼링

요즘 자꾸 살이 쪄요
땀 흘리며 하는 운동에 중독되었나 봐요

나 헬스클럽 다녀요
我去健身房
[Wǒ qù jiànshēn fáng]

健身房 jiànshēn fáng 을 한자 그대로 읽으면 '건신방'이에요. '건강한(健) 신체를(身) 만드는 방(房)', 바로 '헬스클럽'을 가리켜요. 재미있죠? 중국도 다이어트와 몸 만들기 열풍으로 곳곳에서 **健身房**을 볼 수 있답니다. '헬스를 하다'는 **去健身** qù jiànshēn 이라고 해요. 헬스를 '하다'와 헬스클럽을 '다니다' 모두 동사 **去** qù 를 쓰면 됩니다.

적중훈련

🙍 最近你做运动吗? 요즘 너 운동해?
　　Zuìjìn nǐ zuò yùndòng ma?

🧑 嗯, **我去健身房**。 응, 나 헬스클럽 다녀.
　　Èn, wǒ qù jiànshēn fáng.

| 去 qù 가다 | 健身 jiànshēn 신체를 건강하게 하다 | 最近 zuìjìn 요즘 |
| 做 zuò ~하다 | 运动 yùndòng 운동 | 吗 ma (의문조사) | 嗯 èn 응, 그래(구어) |

언어와 문화 모두 교류할 수 있는
편하게 외국어로 이야기 나누며 공부도 할 수 있는

나는 어학 짝꿍을 찾아요

我找语伴

[Wǒ zhǎo yǔbàn]

语伴 yǔbàn 은 '어학 짝꿍'을 가리켜요. '언어(语 yǔ)+짝(伴 bàn)=서로의 언어 학습에 도움을 주는 친구'라고 풀어 볼 수 있겠네요. 서로 다른 국적의 친구를 만나 편하게 대화하면서 언어를 가르쳐 주는 것이죠. 이런 짝꿍을 찾을 때는 '찾다'라는 동사 找 zhǎo 를 쓰면 됩니다.

적중훈련

我的爱好是学语言。 내 취미는 어학 공부야.
Wǒ de àihào shì xué yǔyán.

太好了, 最近我找语伴。 잘됐다. 요즘 나 어학 짝꿍 찾거든.
Tài hǎo le, zuìjìn wǒ zhǎo yǔbàn.

的 de ~의 것 | 爱好 àihào 취미 | 是 shì ~이다 | 学 xué 배우다
语言 yǔyán 언어 | 太…了 tài…le 너무 ~하다 | 好 hǎo 좋다 | 最近 zuìjìn 요즘

카페에 앉아 여유롭게
출퇴근 시간을 활용해서

나는 종종 책을 읽어요

我经常看书

[Wǒ jīngcháng kàn shū]

经常 jīngcháng 은 '자주, 종종'이라는 뜻의 부사로, 뒤에 자주하는 행동의 동사를 붙여서 관심사를 말해요. 반대로 '책을 자주 읽지 않아요'라고 말하려면 不 bù 를 써서 我不(经)常看书。Wǒ bù (jīng)cháng kàn shū. 라고 하면 됩니다.

적중훈련

'经常+동사' 패턴을 사용해서 여가 시간에 뭘 하는지 말해 봐요.

- 我经常做菜。 Wǒ jīngcháng zuò cài. 나는 종종 요리를 해요.
- 我经常见朋友。 Wǒ jīngcháng jiàn péngyou. 나는 종종 친구를 만나요.
- 我经常去练歌房。 Wǒ jīngcháng qù liàngē fáng. 나는 종종 노래방에 가요.

看书 kàn shū 독서하다 | 做 zuò ~하다 | 菜 cài 요리 | 见 jiàn 만나다
朋友 péngyou 친구 | 去 qù 가다 | 练歌房 liàngē fáng 노래방

연습문제

빈칸에 알맞은 중국어를 넣어 말해 보세요.

01 우리 쇼핑하자. 我们_____吧。

02 몇 시에 문 열어요? _____点____门？

03 먼저 좀 볼게요. ____看____看。

04 입어 봐도 될까요? 可以_____吗？

05 좀 큰 것 같아요. _____有点____。

06 다른 것도 있나요? _____别的？

07 얼마예요? _____钱？

08 깎아 주세요. 便宜____。

09 QR코드로 결제할게요. 我要____付____。

10 영수증 주세요. 我要_____。

정답 01. 我们逛街吧 Wǒmen guàng jiē ba 02. 几点开门 Jǐ diǎn kāi mén 03. 先看一看 Xiān kàn yi kàn 04. 可以试试吗 Kěyǐ shi shi ma 05. 好像有点大 Hǎoxiàng yǒu diǎn dà 06. 有没有别的 Yǒu méi yǒu bié de 07. 多少钱 Duōshao qián 08. 便宜点 Piányi diǎn 09. 我要扫码付款 Wǒ yào sǎo mǎ fù kuǎn 10. 我要发票 Wǒ yào fāpiào

11 포장해 주세요. 请_____好。

12 교환되나요? 可以_____吗?

13 무슨 취미가 있어요? 有什么_____?

14 나는 한국드라마를 즐겨 봐요. 我_____韩剧。

15 나는 영화 보는 걸 좋아해요. 我_____看电影。

16 그는 축구 마니아예요. 他是_____。

17 나 수영 배워요. 我_____游泳。

18 나 헬스클럽 다녀요. 我_____健身_____。

19 나는 어학 짝꿍을 찾아요. 我找_____。

20 나는 종종 책을 읽어요. 我_____看书。

정답 11. 请包装好 Qǐng bāozhuāng hǎo 12. 可以换货吗 Kěyǐ huàn huò ma 13. 有什么爱好 Yǒu shénme àihào 14. 我爱看韩剧 Wǒ ài kàn hánjù 15. 我喜欢看电影 Wǒ xǐhuan kàn diànyǐng 16. 他是球迷 Tā shì qiú mí 17. 我学游泳 Wǒ xué yóuyǒng 18. 我去健身房 Wǒ qù jiànshēn fáng 19. 我找语伴 Wǒ zhǎo yǔbàn 20. 我经常看书 Wǒ jīngcháng kàn shū

☑ 이번 장에서는
   무엇을 배울까요?

我给你点赞。
'좋아요' 눌러 줄게요.

CHAPTER 10

폰과 인터넷

자유롭게 폰으로 인터넷을 즐겨요

저 그쪽한테 관심 있어요
문제가 생기면 휴대폰으로 연락할게요

> 폰 번호가 몇 번이에요?

手机号是多少?
[Shǒujī hào shì duōshao?]

이 문장의 **多少** duōshao 는 '얼마'라는 뜻이에요. '휴대폰 번호가 얼마예요?'라는 우리말은 어색하지만 중국은 전화번호는 물론 신분증, 방, QQ _{중국의 PC 메신저} ID 등의 번호를 물을 때 **多少**를 씁니다. 휴대폰 번호는 **手机号码** shǒujī hàomǎ 또는 **手机号** shǒujī hào 라고 해요.

적중훈련

手机号是多少?의 대답으로, 자신의 휴대폰 번호를 말해 봐요.

- 我的手机号(码)是 010-2345-6789。 내 휴대폰 번호는 010-2345-6789예요.
  Wǒ de shǒujī hào(mǎ) shì líng yāo líng èr sān sì wǔ liù qī bā jiǔ.

  * 나열된 숫자를 읽을 때, 七 qī 발음과 혼돈을 피하기 위해 一 yī 는 幺 yāo 라고 발음합니다.

手机 shǒujī 휴대폰 | 号(码) hào(mǎ) 번호 | 是 shì ~이다 | 的 de ~의 것

필요하면 언제든지
약속 장소에 도착하면

전화해 주세요

给我打电话
[Gěi wǒ dǎ diànhuà]

给我打电话

문장을 풀어 보니 '~에게(给 gěi)+나(我 wǒ)+걸다(打 dǎ)+전화(电话 diànhuà)= 나에게 전화해 주세요'라는 말이네요. 한자 扌(手, 손 수)가 보이는 打 dǎ 는 손으로 하는 동작에 자주 쓰여요. 전화도 손으로 거니까 打电话 dǎ diànhuà 가 되겠죠?

적중훈련

전화 관련 다른 표현들도 알아봐요. 휴대폰에도 활용할 수 있으니 걱정 말고 익혀 두세요.

- 打电话 dǎ diànhuà 전화를 걸다
- 接电话 jiē diànhuà 전화를 받다
- 挂电话 guà diànhuà 전화를 끊다

接 jiē (전화를) 받다 | 挂 guà (전화를) 끊다

신호가 너무 약해서
주변이 너무 소란스러워서

> 안 들려요

听不见

[Tīng bu jiàn]

听不见

전화 통화 중 상대방의 목소리가 들리지 않을 때 쓸 수 있는 말이에요. 见 jiàn 은 '만나다, 보다'라는 뜻이지만 이때는 결과보어로 쓰여서 귀로 감지했음을 나타내요. 즉 听 tīng 이 '듣다'라면 听见 tīng jiàn 은 '(귀로) 들리다'라는 의미죠. 반대말은 听과 见 사이에 不 bu <sup>이때 不는 경성을 쓰면 됩니다.

적중훈련

'听＋不＋결과보어' 패턴의 다른 표현들도 알아봐요.

- 听不懂。 Tīng bu dǒng. 알아들을 수 없어요. [무슨 의미인지 이해할 수 없을 때]
- 听不清楚。 Tīng bu qīngchu. 잘 안 들려요. [들리긴 들리지만 뚜렷하게 들리지 않을 때]

不 bù 아니다 | 懂 dǒng 이해하다 | 清楚 qīngchu 뚜렷하다

행사 일시가 정해지면
지금은 통화하기가 힘든데

문자 보내 주세요

给我发短信
[Gěi wǒ fā duǎnxìn]

短信 duǎnxìn 은 한자 뜻 그대로 풀면 '짧은(短) 편지(信)'예요. 그래서 휴대폰 '문자 메시지'를 短信이라고 합니다. 앞에서 배운 给我打电话。Gěi wǒ dǎ diànhuà. 기억나죠? 동일한 문장 구조예요. 打电话 dǎ diànhuà 만 发短信 fā duǎnxìn 으로 바꿔 주면 됩니다.

적중훈련

'给+我+发+목적어' 패턴을 사용해서 또 어떤 것들을 요청할 수 있을까요?

- 给我发 E-MAIL。 Gěi wǒ fā E-MAIL. (나에게) E-MAIL 보내 주세요.
- 给我发 微信。 Gěi wǒ fā wēixìn. (나에게) 위챗 보내 주세요.
- 给我发 收据。 Gěi wǒ fā shōujù. (나에게) 영수증 보내 주세요.

给 gěi ~에게 | 发 fā 보내다 | 打 dǎ (전화를) 걸다 | 电话 diànhuà 전화
微信 wēixìn 위챗(카카오톡 같은 메신저 앱) | 收据 shōujù 영수증

왜 이렇게 연락이 안 돼요?
도대체 누구와 그렇게 오래 통화하는 거예요?

지금 통화 중이에요

现在占线

[Xiànzài zhànxiàn]

现在占线

예전에는 전화기에 선이 달려 있었죠? 그 '선'을 중국어로 线 xiàn 이라고 해요. 여기에 '차지하다, 점유하다'라는 占 zhàn 이 더해진 占线 zhànxiàn 은 '(전화)선을 차지하다', 즉 '통화 중이다'라는 뜻이 되었어요. 통화 중은 현재 상황이니까 '지금'이라는 现在 xiànzài 도 함께 쓰면 더 완벽하겠죠?

적중훈련

给她打电话吧。 그녀에게 전화해 보세요.
Gěi tā dǎ diànhuà ba.

现在占线。 지금 통화 중이에요.
Xiànzài zhànxiàn.

给 gěi ~에게 | 打 dǎ (전화를) 걸다 | 电话 diànhuà 전화 | 吧 ba (청유·명령 어기조사)

내 전화를 피하는 건지
중요한 회의 중인지 계속

그가 전화를 안 받아요

他不接电话

[Tā bù jiē diànhuà]

전화를 받을 때는 '받다'라는 동사 **接** jiē 를 써요. 전화는 손으로 받으니까 여기에도 한자 扌(手, 손 수)가 숨어있네요. 그래서 '전화를 받다'는 **接电话** jiē diànhuà 라고 합니다. '전화를 받지 않다'는 뭐라고 할까요? **不** bù 만 붙여서 **不接电话** bù jiē diànhuà 라고 하면 됩니다.

적중훈련

🧑‍🦰 **他不接电话。** 그가 전화를 안 받아요.
　Tā bù jiē diànhuà.

👦 **他可能会很忙。** 아마도 바쁠 거예요.
　Tā kěnéng huì hěn máng.

不 bù 아니다 | **可能** kěnéng 아마도 | **会** huì ~할 것이다
很 hěn (의미를 부여하지 않고 습관적으로 사용) | **忙** máng 바쁘다

깜빡하고 충전을 안 했더니
유튜브로 영화 한 편 봤더니

폰 배터리가 없어요

手机没电了

[Shǒujī méi diàn le]

'배터리가 없다'는 말은 중국어로 정말 간단해요. 배터리 대신 '전기가 없다'라고 하면 됩니다. '없다'라는 没(有)méi(yǒu)에 '전기'를 뜻하는 电 diàn만 더해 주세요. 没(有)电了。Méi(yǒu) diàn le. 는 휴대폰뿐만 아니라 다른 전자제품의 배터리가 없을 때도 쓸 수 있어요.

적중훈련

휴대폰과 관련된 단어들도 알아봐요.
- 手机壳 shǒujī ké 휴대폰 케이스
- 充电宝 chōngdiàn bǎo 보조 배터리
- 屏幕 píngmù 액정

手机 shǒujī 휴대폰 | 了 le (변화·완료 어기조사) | 壳 ké 껍질 | 充 chōng 가득 채우다

배터리가 다 돼서
한 번 떨어뜨렸더니

> 폰이 꺼졌어요

手机关闭了

[Shǒujī guānbì le]

'손(手)으로 들고 다니는 기계(机)', 手机 shǒujī 는 바로 '휴대폰'이에요. 휴대폰을 끄는 동작은 한자 关(닫을 관)과 闭(닫을 폐)가 합쳐진 关闭 guānbì 를 씁니다. 문장 끝에 了 le 까지 붙여서 변화의 어기까지 담으면 '휴대폰이 꺼졌어요'라는 말이 되는 거죠.

적중훈련

关闭를 사용한 휴대폰의 다른 기능 표현들도 알아봐요.

- 关闭手机。 Guānbì shǒujī. 휴대폰을 끄다.
- 关闭蓝牙。 Guānbì lányá. 블루투스를 끄다.
- 关闭飞行模式。 Guānbì fēixíng móshì. 비행기 모드를 끄다.

关闭 guānbì 닫다 | 蓝牙 lányá 블루투스 | 飞行 fēixíng 비행하다 | 模式 móshì 모드

와이파이 존을 찾아야 해요
데이터 남는 분, 1GB만 선물해 주세요

데이터가 없어요

没有流量

[Méiyǒu liúliàng]

휴대폰의 '모바일 데이터'를 중국어로는 **流量** liúliàng 이라고 해요. 데이터는 들어 왔다 나가기를 반복하니까 한자 **流**(흐를 류)와 **量**(헤아릴 양)을 써서 흥미로운 단어를 만들었네요. '없다'라는 **没(有)** méi(yǒu) 만 붙이면 '데이터가 없다' 완성!

적중훈련

- 你有多少流量? 데이터 얼마나 있어요?
  Nǐ yǒu duōshao liúliàng?

- 没(有)流量。 데이터 없어요.
  Méi(yǒu) liúliàng.

有 yǒu 있다 | 多少 duōshao 얼마

인터넷 창 하나 여는데 10분이나 걸려요
한국에 있다가 외국에서 인터넷을 쓰려니

인터넷이 너무 느려요

网速太慢

[Wǎng sù tài màn]

그물 모양을 닮은 网 wǎng 은 '인터넷'을 가리켜요. 速 sù 는 '속도'를 뜻하는 速度 sùdù 의 줄임말이고요. 이 둘을 합체하니 '인터넷 속도'라는 网速 wǎngsù 가 되었어요. 慢 màn 은 '느리다'라는 뜻인데 인터넷 속도가 '너무' 느릴 때는 불평을 담아 太慢 tài màn 이라고 하면 됩니다.

적중훈련

网을 사용한 재미있는 표현들을 더 알아볼까요?

- 网吧 wǎng bā PC방
- 网恋 wǎng liàn 인터넷을 통한 연애, 랜선연애
- 网友 wǎng yǒu 인터넷 친구 / 网友们 wǎng yǒumen 네티즌

吧 bā (bar 발음 차용) | 恋 liàn 서로 사랑하다 | 友 yǒu 친구

당신이 추천해 준 앱을
새로 나온 중국어 학습 앱을

앱 다운로드했어요

下载软件了

[Xiàzài ruǎnjiàn le]

下载 xiàzài 는 '다운로드하다'라는 뜻의 동사예요. 사진, 동영상, 앱 등을 '다운로드하다'라고 할 때 쓰는 표현이죠. '앱'은 중국어로 **软件** ruǎnjiàn 또는 **应用** yìngyòng 이라고 해요. **软件**은 원래 '소프트웨어'를 가리키는데 스마트폰이 보급된 후로는 '앱'으로 더 많이 쓰이고 있어요.

적중훈련

앱과 관련된 다른 표현들도 알아봐요. 예문의 软件은 모두 应用으로 바꿔 쓸 수 있어요.

- 删除**软件** shānchú ruǎnjiàn 앱을 삭제하다
- **软件**商店 ruǎnjiàn shāngdiàn 앱 스토어
- 收费**软件** shōufèi ruǎnjiàn 유료 앱 / 免费**软件** miǎnfèi ruǎnjiàn 무료 앱

了 le (변화·완료 어기조사) | 删除 shānchú 삭제하다 |
商店 shāngdiàn 상점 | 收费 shōufèi 유료의 | 免费 miǎnfèi 무료의

멋진 풍경을 배경으로
당신과의 추억을 사진으로 남기고 싶어요

우리 셀카 찍어요

我们自拍吧

[Wǒmen zìpāi ba]

'셀프 카메라(self camera)' 줄임말인 '셀카' 혹은 '셀피(selfie)'의 중국어 단어는 **自拍** zìpāi 예요. '스스로(自) 찍다(拍)'라는 의미죠. 문장 끝에 **吧** ba 를 쓰면 '~하자' 또는 '~해라'는 청유·명령의 말이 됩니다. 그래서 **自拍吧**。Zìpāi ba. 라고 하면 함께 셀카를 찍자는 말이에요.

> **적중훈련**
>
> 自拍와 관련된 단어는 새로 생긴 것들이 많아요. 한번 살펴볼까요?
>
> - 自拍模式　zìpāi móshì　셀카 모드
> - 自拍杆　zìpāi gǎn　셀카봉
> - 自拍骗子　zìpāi piànzi　셀기꾼　　[셀카+사기꾼, 셀카 사진이 실제 생김새보다 나은 사람]
>
> 模式 móshì 모드 ｜ 杆 gǎn 막대 ｜ 骗子 piànzi 사기꾼

다양한 SNS 활동을 함께하고 싶어요
이대로 헤어지기 아쉬운데 연락하며 지내요

위챗하세요?

你玩微信吗?

[Nǐ wán wēixìn ma?]

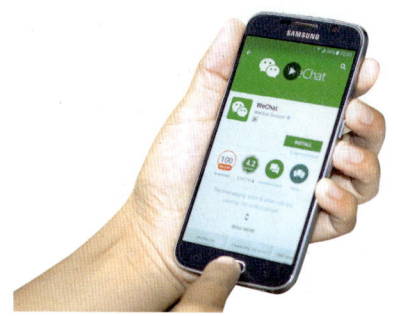

한국에 카카오톡이 있다면 중국에는 위챗(WeChat or 微信 wēixìn)이 있어요. 위챗으로 채팅, 공유, 쇼핑, 모바일 인터넷 전화 등이 가능하다 보니 중국사람들은 전화번호보다 위챗 계정을 교환하는 게 일반적이에요. '위챗을 하다'라고 할 때 우리말 '~하다'에 해당하는 표현은 玩 wán 을 쓰면 됩니다.

적중훈련

다른 SNS 활동도 하는지 물어보세요. 단, 중국 내륙에서는 접속이 제한되는 SNS가 많으니 참고하세요.

- 你玩INS吗?　Nǐ wán INS ma? 인스타그램(Instagram) 하세요?
- 你玩脸书吗?　Nǐ wán liǎnshū ma? 페이스북(Facebook) 하세요?
- 你玩YouTube吗?　Nǐ wán YouTube ma? 유튜브(YouTube) 하세요?

玩 wán 놀다 | 吗 ma (의문조사) | 脸书 liǎnshū 페이스북(Facebook)

댓글 한 줄 남기고 싶어서
출석 체크 이벤트에 참여하려고

> 나는 로그인했어요

我登录了

[Wǒ dēnglù le]

'로그인하다'는 중국어로 **登录** dēnglù 라고 해요. 한자를 살펴보니 **登**(오를 등)과 **录**(기록할 록)이네요. '인터넷 세상에 올라가서 새로운 이야기를 기록하다'는 의미죠. 영어 Log in.에는 없는 깊은 뜻이죠? 반대로 로그아웃할 때는 **退出账号** tuìchū zhànghào 버튼을 찾아 클릭하세요.

적중훈련

🧑 **我登录了**, 你怎么不登录? 난 로그인했어요, 왜 로그인 안 해요?
Wǒ dēnglù le, Nǐ zěnme bù dēnglù?

👩 我忘记了密码。 비밀번호를 잊어버렸어요.
Wǒ wàngjì le mìmǎ.

了 le (변화·완료 어기조사) | **退出** tuìchū 로그아웃하다 | **账号** zhànghào 계정(ID) | **怎么** zěnme 어째서, 어떻게(의문대사) | **不** bù 아니다 | **忘记** wàngjì 잊어버리다 | **密码** mìmǎ 비밀번호

위챗 계정 만들었어요
그쪽과 친해지고 싶은데

나 친추해 주세요

加我吧

[Jiā wǒ ba]

加 jiā 는 '더하다'라는 동사인데 SNS에서는 '친구 추가'의 의미로 쓰여요. '나'를 친구로 추가하라고 할 때는 加 뒤에 我 wǒ 만 붙여 주세요. 그리고 문장 끝에 청유·명령의 어기조사 吧 ba 까지 더해주면 경쾌한 어감의 '나 친추해 주세요'가 된답니다.

적중훈련

- 我也玩微信，你加我吧。 나도 위챗 하는데, 네가 나 추가해 줘.
  Wǒ yě wán wēixìn, nǐ jiā wǒ ba.

  * 위챗은 QR코드를 스캔하여 친구를 추가하는 방법이 일반적입니다.

- 好，我扫一下二维码。 그래, 내가 QR코드 스캔할게.
  Hǎo, wǒ sǎo yíxià èrwéi mǎ.

也 yě ~도 | 玩 wán 놀다 | 微信 wēixìn 위챗(카카오톡 같은 메신저 앱) |
好 hǎo 그래, 오케이 | 扫 sǎo 스캔하다 | 一下 yíxià (시험 삼아) 해 보다 | 二维码 èrwéi mǎ QR코드

당신이 SNS에 게시한 사진에
이번에 화제가 됐던 뉴스 기사에

> 댓글 달았어요

我留评论了

[Wǒ liú pínglùn le]

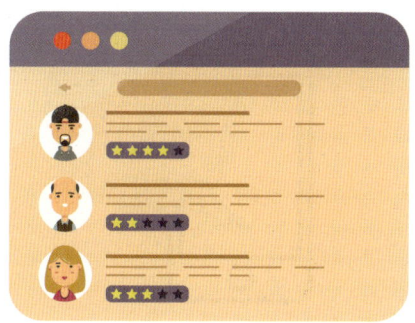

评论 pínglùn 의 본래 '평론하다'이지만 현재는 '댓글'로 널리 쓰여요. 우리도 댓글을 '남기다'라고 하죠? 중국어도 한자 留(남길 류)를 써서 留评论 liú pínglùn 이라고 합니다. '악성 댓글'은 恶性评论 èxìng pínglùn 혹은 줄여서 恶评 è píng 이라고 해요. '악성 댓글'을 '악플'이라고 하는 것과 꼭 같네요.

적중훈련

🙎 我刚才发了一张照片。 나 방금 사진 한 장 올렸어.
Wǒ gāngcái fā le yì zhāng zhàopiàn.

🙍 我留评论了。 댓글 달았어.
Wǒ liú pínglùn le.

了 le (변화·완료 어기조사) | 刚才 gāngcái 방금 | 发 fā 보내다 | 一张 yì zhāng 한 장 | 照片 zhàopiàn 사진

이번에 게시한 사진 정말 멋지더라
저번에 내 글에 '좋아요' 눌러줬으니까 이번에는 내가

'좋아요' 눌러 줄게요

我给你点赞
[Wǒ gěi nǐ diǎn zàn]

赞 zàn 은 본래 '칭찬하다'라는 뜻이지만 SNS에서는 '좋아요' 또는 '공감' 버튼을 가리켜요. 그래서 '누르다, 클릭하다'라는 点 diǎn 과 함께 씁니다. 그리고 '너에게'라는 给你 gěi nǐ 까지 더해 주니 누구의 게시물에 '좋아요'를 누른다는 건지 의미가 명확해지네요.

적중훈련

我们互粉吧。 우리 맞팔해요.
Wǒmen hù fěn ba.

好, 每天我给你点赞。 좋아요, 매일 '좋아요' 눌러 줄게요.
Hǎo, měitiān wǒ gěi nǐ diǎnzàn.

给 gěi ~에게 | 互粉 hù fěn 서로 팔로우하다(인터넷 용어) |
吧 ba (청유·명령 어기조사) | 好 hǎo 그래, 오케이 | 每天 měitiān 매일

억울한 이 사람의 사연을
유익한 글을 많은 사람들이 읽었으면 좋겠어요

전달해 주세요

请转发
[Qǐng zhuǎn fā]

转发 zhuǎn fā 는 '전달, 리트윗, 리포스트', 즉 '퍼가기'를 가리켜요. 누군가 올린 글을 내 피드에 가져올 때 쓰는 기능이죠. 웨이보(**微博** wēibó 중국판 트위터)에서 **转发** 기능을 사용할 때 괄호 안에 뜨는 숫자는 몇 명이 전달했는지 보여 주는 거예요. 맨 앞에 **请** qǐng 을 붙이면 공손한 요청의 말이 됩니다.

적중훈련

- 这张截图(真)好看。 이 스크린 샷 (진짜로) 예쁘네요.
  Zhè zhāng jiétú (zhēn) hǎo kàn.
- 我也想看，请转发。 나도 보고 싶어요, 전달해 주세요.
  Wǒ yě xiǎng kàn, qǐng zhuǎn fā.

请 qǐng 청하다 | 这 zhè 이것 | 张 zhāng 장 | 截图 jiétú 스크린 샷 | 真 zhēn 진짜로
好看 hǎo kàn 예쁘다 | 也 yě ~도 | 想 xiǎng ~하고 싶다 | 看 kàn 보다

**SNS로 소식 주고받으며
오늘은 이렇게 헤어지지만 계속**

연락하면서 지내요

保持联系吧

[Bǎochí liánxì ba]

保持 bǎochí 는 '유지하다, 지키다', **联系** liánxì 는 '연락하다'이니까 합치면 '연락을 유지하다'라는 말이에요. 마지막으로 끝에 **吧** ba 를 붙여서 연락하며 지낼 것을 권유해 보세요. 반대로 '연락이 끊기다'는 '잃다'라는 뜻의 **失去** shīqù 를 써서 **失去联系** shīqù liánxì 라고 합니다.

적중훈련

我要回国了。 나 곧 귀국해요.
Wǒ yào huí guó le.

(真)可惜, 保持联系吧。 (진짜로) 아쉽네요, 연락하면서 지내요.
(Zhēn) kěxī, bǎochí liánxì ba.

| 吧 ba (청유·명령 어기조사) | 要…了 yào…le 막 ~하려고 하다 |
| 回国 huí guó 귀국하다 | 真 zhēn 진짜로 | 可惜 kěxī 아쉽다 |

한때는 연인이었던
매일 똑같은 시간에 술 마시고 전화하는

그 남자 차단했어요

我拉黑他了
[Wǒ lā hēi tā le]

拉黑 lā hēi 는 拉到黑名单 lā dào hēi míngdān 의 줄임말로, 黑名单 hēi míngdān 은 '블랙 리스트'를 의미해요. '끌다' 동사 拉 lā 를 써서 사람을 블랙 리스트로 끌어당긴 다는 의미입니다. 위챗카카오톡 같은 메신저 앱은 내 피드 못 보게 하기, 상대방 피드 안 보기 등 여러 차단 기능 설정이 가능해요.

적중훈련

🧑‍🦱 他(太)烦人，**我拉黑他了。** 그 남자는 사람을 (너무) 성가시게 해서, **차단했어요.**
　　Tā (tài) fán rén, wǒ lā hēi tā le.

🧑 我也是。 나도요.
　　Wǒ yě shì.

| 了 le (변화·완료 어기조사) | 到 dào (동사 뒤에 쓰여 결과를 나타냄) | 黑 hēi 검다 |
| 名单 míngdān 명단 | 太 tài 너무 | 烦人 fán rén 사람을 성가시게 하다 | 也 yě ~도 | 是 shì 그렇다 |

연습문제

빈칸에 알맞은 중국어를 넣어 말해 보세요.

01 폰 번호가 몇 번이에요?   手机 _____ 是 _____ ?

02 전화해 주세요.   _____ 我 _____ 电话。

03 안 들려요.   听 _____ 见。

04 문자 보내 주세요.   给 _____ 发 _____ 。

05 지금 통화 중이에요.   现在 _____ 。

06 그가 전화를 안 받아요.   他 _____ 电话。

07 폰 배터리가 없어요.   手机 _____ 了。

08 폰이 꺼졌어요.   手机 _____ 了。

09 데이터가 없어요.   _____ 流量。

10 인터넷이 너무 느려요.   网速 _____ 。

정답 01. 手机号是多少 Shǒujī hào shì duōshao 02. 给我打电话 Gěi wǒ dǎ diànhuà 03. 听不见 Tīng bu jiàn 04. 给我发短信 Gěi wǒ fā duǎnxìn 05. 现在占线 Xiànzài zhànxiàn 06. 他不接电话 Tā bù jiē diànhuà 07. 手机没电了 Shǒujī méi diàn le 08. 手机关闭了 Shǒujī guānbì le 09. 没有流量 Méiyǒu liúliàng 10. 网速太慢 Wǎng sù tài màn

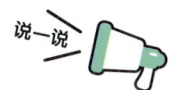

11　앱 다운로드했어요.　　下载_____了。

12　우리 셀카 찍어요.　　我们_____吧。

13　위챗하세요?　　你___微信___?

14　나는 로그인했어요.　　我_____了。

15　나 친추해 주세요.　　_____我吧。

16　댓글 달았어요.　　我_____了。

17　'좋아요' 눌러 줄게요.　　我___你_____。

18　전달해 주세요.　　请_____。

19　연락하면서 지내요.　　_____联系吧。

20　그 남자 차단했어요.　　我_____他了。

정답　11. 下载**软件**了 Xiàzài ruǎnjiàn le　12. 我们**自拍**吧 Wǒmen zìpāi ba　13. 你**玩**微信**吗** Nǐ wán wēixìn ma　14. 我**登录**了 Wǒ dēnglù le　15. **加**我吧 Jiā wǒ ba　16. 我**留评论**了 Wǒ liú pínglùn le　17. 我**给你点赞** Wǒ gěi nǐ diǎn zàn　18. 请**转发** Qǐng zhuǎn fā　19. **保持**联系吧 Bǎochí liánxì ba　20. 我**拉黑**他了 Wǒ lā hēi tā le

부록

200문장 학습 플래너예요!

페이의 적중 200문장 학습 플래너예요!

 ▶ 학습을 완료했다면 O에 ✓, 완료하지 못했다면 X에 ✓ 표시해 보세요.

하루 10문장, 4주 완성!

	DAY 1	DAY 2	DAY 3	DAY 4	DAY 5	DAY 6	DAY 7
1주	O☐ X☐	O☐ X☐	O☐ X☐	O☐ X☐	O☐ X☐	O☐ X☐	O☐ X☐
2주	O☐ X☐	O☐ X☐	O☐ X☐	O☐ X☐	O☐ X☐	O☐ X☐	O☐ X☐
3주	O☐ X☐	O☐ X☐	O☐ X☐	O☐ X☐	O☐ X☐	O☐ X☐	O☐ X☐
4주	O☐ X☐	O☐ X☐	O☐ X☐	O☐ X☐	O☐ X☐	O☐ X☐	O☐ X☐

음성 동영상 MP3

페이의 적중 200문장 학습 플래너예요!

하루 5문장, 8주 완성!

	DAY 1	DAY 2	DAY 3	DAY 4	DAY 5	DAY 6 ▶	DAY 7 🎧
1주	O □ / X □	O □ / X □	O □ / X □	O □ / X □	O □ / X □	O □ / X □	O □ / X □
2주	O □ / X □	O □ / X □	O □ / X □	O □ / X □	O □ / X □	O □ / X □	O □ / X □
3주	O □ / X □	O □ / X □	O □ / X □	O □ / X □	O □ / X □	O □ / X □	O □ / X □
4주	O □ / X □	O □ / X □	O □ / X □	O □ / X □	O □ / X □	O □ / X □	O □ / X □
5주	O □ / X □	O □ / X □	O □ / X □	O □ / X □	O □ / X □	O □ / X □	O □ / X □
6주	O □ / X □	O □ / X □	O □ / X □	O □ / X □	O □ / X □	O □ / X □	O □ / X □
7주	O □ / X □	O □ / X □	O □ / X □	O □ / X □	O □ / X □	O □ / X □	O □ / X □
8주	O □ / X □	O □ / X □	O □ / X □	O □ / X □	O □ / X □	O □ / X □	O □ / X □

📱 음성　▶ 동영상　🎧 MP3

* DAY 1~5 음성 강의(팟캐스트)를 들으며 공부해 보세요.
* DAY 6 동영상 강의(아프리카TV, 유튜브)를 보며 DAY 1~5 내용을 복습해 보세요.
* DAY 7 MP3 파일로 DAY 1~5 동안 배운 표제어를 듣고 따라 해 보세요.

페이의 적중 200문장 학습 플래너예요!

 ▶ 학습을 완료했다면 O에 ☑, 완료하지 못했다면 X에 ☑ 표시해 보세요.

하루 10문장, 4주 완성!

	DAY 1	DAY 2	DAY 3	DAY 4	DAY 5	DAY 6	DAY 7
1주	O☐ X☐	O☐ X☐	O☐ X☐	O☐ X☐	O☐ X☐	O☐ X☐	O☐ X☐
2주	O☐ X☐	O☐ X☐	O☐ X☐	O☐ X☐	O☐ X☐	O☐ X☐	O☐ X☐
3주	O☐ X☐	O☐ X☐	O☐ X☐	O☐ X☐	O☐ X☐	O☐ X☐	O☐ X☐
4주	O☐ X☐	O☐ X☐	O☐ X☐	O☐ X☐	O☐ X☐	O☐ X☐	O☐ X☐

📱 음성   ▶ 동영상   🎧 MP3

페이의 적중 200문장 학습 플래너예요!

하루 5문장, 8주 완성!

	DAY 1 📱	DAY 2 📱	DAY 3 📱	DAY 4 📱	DAY 5 📱	DAY 6 ▶	DAY 7 🎧
1주	O ☐ X ☐	O ☐ X ☐	O ☐ X ☐	O ☐ X ☐	O ☐ X ☐	O ☐ X ☐	O ☐ X ☐
2주	O ☐ X ☐	O ☐ X ☐	O ☐ X ☐	O ☐ X ☐	O ☐ X ☐	O ☐ X ☐	O ☐ X ☐
3주	O ☐ X ☐	O ☐ X ☐	O ☐ X ☐	O ☐ X ☐	O ☐ X ☐	O ☐ X ☐	O ☐ X ☐
4주	O ☐ X ☐	O ☐ X ☐	O ☐ X ☐	O ☐ X ☐	O ☐ X ☐	O ☐ X ☐	O ☐ X ☐
5주	O ☐ X ☐	O ☐ X ☐	O ☐ X ☐	O ☐ X ☐	O ☐ X ☐	O ☐ X ☐	O ☐ X ☐
6주	O ☐ X ☐	O ☐ X ☐	O ☐ X ☐	O ☐ X ☐	O ☐ X ☐	O ☐ X ☐	O ☐ X ☐
7주	O ☐ X ☐	O ☐ X ☐	O ☐ X ☐	O ☐ X ☐	O ☐ X ☐	O ☐ X ☐	O ☐ X ☐
8주	O ☐ X ☐	O ☐ X ☐	O ☐ X ☐	O ☐ X ☐	O ☐ X ☐	O ☐ X ☐	O ☐ X ☐

📱 음성   ▶ 동영상   🎧 MP3

* DAY 1~5 음성 강의(팟캐스트)를 들으며 공부해 보세요.
* DAY 6 동영상 강의(아프리카TV, 유튜브)를 보며 DAY 1~5 내용을 복습해 보세요.
* DAY 7 MP3 파일로 DAY 1~5 동안 배운 표제어를 듣고 따라 해 보세요.

페이의 적중 200문장 학습 플래너예요!

▶ 학습을 완료했다면 O에 ✓, 완료하지 못했다면 X에 ✓ 표시해 보세요.

하루 10문장, 4주 완성!

	DAY 1	DAY 2	DAY 3	DAY 4	DAY 5	DAY 6 ▶	DAY 7 🎧
1주	O ☐ X ☐	O ☐ X ☐	O ☐ X ☐	O ☐ X ☐	O ☐ X ☐	O ☐ X ☐	O ☐ X ☐
2주	O ☐ X ☐	O ☐ X ☐	O ☐ X ☐	O ☐ X ☐	O ☐ X ☐	O ☐ X ☐	O ☐ X ☐
3주	O ☐ X ☐	O ☐ X ☐	O ☐ X ☐	O ☐ X ☐	O ☐ X ☐	O ☐ X ☐	O ☐ X ☐
4주	O ☐ X ☐	O ☐ X ☐	O ☐ X ☐	O ☐ X ☐	O ☐ X ☐	O ☐ X ☐	O ☐ X ☐

📱 음성   ▶ 동영상   🎧 MP3

페이의 적중 200문장 학습 플래너예요!

하루 5문장, 8주 완성!

	DAY 1 📱	DAY 2 📱	DAY 3 📱	DAY 4 📱	DAY 5 📱	DAY 6 ▶	DAY 7 🎧
1주	O ☐ / X ☐	O ☐ / X ☐	O ☐ / X ☐	O ☐ / X ☐	O ☐ / X ☐	O ☐ / X ☐	O ☐ / X ☐
2주	O ☐ / X ☐	O ☐ / X ☐	O ☐ / X ☐	O ☐ / X ☐	O ☐ / X ☐	O ☐ / X ☐	O ☐ / X ☐
3주	O ☐ / X ☐	O ☐ / X ☐	O ☐ / X ☐	O ☐ / X ☐	O ☐ / X ☐	O ☐ / X ☐	O ☐ / X ☐
4주	O ☐ / X ☐	O ☐ / X ☐	O ☐ / X ☐	O ☐ / X ☐	O ☐ / X ☐	O ☐ / X ☐	O ☐ / X ☐
5주	O ☐ / X ☐	O ☐ / X ☐	O ☐ / X ☐	O ☐ / X ☐	O ☐ / X ☐	O ☐ / X ☐	O ☐ / X ☐
6주	O ☐ / X ☐	O ☐ / X ☐	O ☐ / X ☐	O ☐ / X ☐	O ☐ / X ☐	O ☐ / X ☐	O ☐ / X ☐
7주	O ☐ / X ☐	O ☐ / X ☐	O ☐ / X ☐	O ☐ / X ☐	O ☐ / X ☐	O ☐ / X ☐	O ☐ / X ☐
8주	O ☐ / X ☐	O ☐ / X ☐	O ☐ / X ☐	O ☐ / X ☐	O ☐ / X ☐	O ☐ / X ☐	O ☐ / X ☐

📱 음성　▶ 동영상　🎧 MP3

* DAY 1~5 음성 강의(팟캐스트)를 들으며 공부해 보세요.
* DAY 6 동영상 강의(아프리카TV, 유튜브)를 보며 DAY 1~5 내용을 복습해 보세요.
* DAY 7 MP3 파일로 DAY 1~5 동안 배운 표제어를 듣고 따라 해 보세요.